罗小麦的科学大冒险

安小橙·著

探索物质与生命

化学工业出版社
·北京·

内容简介

一名来自蛙星的博士来到地球做研究，遭遇袭击后失去了保护能量，被迫跳进了小学生罗小麦的背包中。与此同时，一艘星际飞船来到了地球，包大星的间谍前来寻找能利用黑洞产生能源的装置，而秘密就在蛙星博士身上。罗小麦了解情况后决定帮助博士，由此展开了一系列对抗包大星人的冒险故事。

这套书将神奇的科幻情节与有趣的科学知识巧妙结合，帮助学生理解相关的科学概念和原理。全套书共有六册，涉及物质与生命、植物、动物、地理、物理与能源、工程与人工智能六大主题。

本书为第一分册——《罗小麦的科学大冒险：探索物质与生命》，蛙星博士将带领罗小麦与他的妹妹罗小米智斗包大星的间谍——包大听。在这场激动人心的冒险中，他们不仅面对各种挑战，还探索了大量关于物质与生命的奥秘。

让我们跟随他们的脚步，开启一场精彩而刺激的科学之旅吧！

图书在版编目（CIP）数据

罗小麦的科学大冒险. 探索物质与生命 / 安小橙著
. --北京：化学工业出版社，2024.7
ISBN 978-7-122-45592-5

Ⅰ.①罗⋯ Ⅱ.①安⋯ Ⅲ.①科学知识–青少年读物
②生命科学–青少年读物 Ⅳ.①Z228.2②Q1-0

中国国家版本馆CIP数据核字（2024）第103519号

责任编辑：王丹娜　　　　　　　　装帧设计：子鹏语衣
责任校对：杜杏然　　　　　　　　内文排版：锋尚制版
文字编辑：郭　阳

出版发行：化学工业出版社
　　　　　（北京市东城区青年湖南街13号　邮政编码100011）
印　　装：大厂回族自治县聚鑫印刷有限责任公司
880mm×1230mm　1/32　印张4¾　字数70千字
2024年9月北京第1版第1次印刷

购书咨询：010-64518888　　　　　售后服务：010-64518899
网　　址：http://www.cip.com.cn
凡购买本书，如有缺损质量问题，本社销售中心负责调换。

定　　价：32.00元

写给小读者的话

亲爱的小读者：

    你正在阅读的这套书融合了科幻和科学的元素。其中关于外星人和他们的神奇发明，都是出自作者的创意，蕴含了大量对科学原理的拓展，为我们呈现出一个充满想象的世界。而书中的科学知识都基于真实严谨的科学原理，并进行了严格的审校。为了方便小读者区分，科学知识的字体进行了加粗处理。另外，这套书里介绍了许多有趣的实验，请在家长的指导下进行，并采取适当的防护措施，以确保安全。

    科学为我们展现了现实世界的规律和奥秘，而科幻则允许我们跨越界限，勇敢地想象未知的世界。每个被认为是"科幻"的想法，起初都只是一个梦想。但随着时间的流逝和科技的进步，今天的科幻可能就是明天的科学！

    我真心希望，这些故事能够点燃你们的好奇心，鼓励你们去探索、去创新，努力实现未来的无限可能。谁知道呢？或许有一天，正是你们将书中的神奇发明从幻想变为现实。让我们共同期待那个充满奇迹的未来！

安小橙

人物档案

罗小麦▶

四年级学生，乐天派，有探索精神，在和双胞胎妹妹罗小米的斗嘴中屡败屡战。

◀罗小米

罗小麦的双胞胎妹妹，性格泼辣，富有正义感，好奇心强，嘴巴不饶人。

◀ 蛙星博士

蛙星人，科学家，认真谦逊，偶尔会因为慢半拍而闹笑话。有一个神奇的口袋，里面装满了各种神奇的发明。

乌大龙 ▶ 罗小麦的好朋友，说话超级啰唆。

包大听 ▶ 暗黑包大星人，包大谍的一种，拥有出色的听力。

诸怀 ▶ 怪物研究所成员，负责暗中保护罗小麦和罗小米，却经常出错。

目录

引言

　　孩子们，你们相信外星生物的存在吗？今天，我要告诉你们一个特别的秘密——蛙星博士来到地球了！他可能有一双鼓鼓的大眼睛，或者是又细又长的四肢，甚至比你们想象的还要有趣。事情就是这么不可思议。罗小麦也没想到，宇宙中一个神秘星球会和他产生如此奇妙的联系。生活中总是充满无尽的惊喜和未知等待我们去探索。

　　嘘，准备好了吗？让我们开启和蛙星博士的冒险之旅吧！

第一章

博物馆奇遇

（选择合适的测量工具）

"真是怕了罗小米了。"周末一大早，罗小麦嘟嘟囔囔地走出了家门。就在刚刚，他推开房间门的时候，一大盆还没有洗的沾了水的袜子从天而降，不偏不倚地扣在了他的头上。湿漉漉的袜子从头顶滑下来，一个哪吒图案挂在眼前。

"怎么样？袜子超人。"罗小米叉着腰站在那里，一副扬扬得意的模样，"昨天晚上已经和你说了三千三百五十六遍了，把臭袜子洗了。你不洗，我只好帮你洗了。"

三千三百五十六遍！妹妹真是太夸张了，明明只说了一次，罗小麦在睡觉之前还记得的，只不过还没行动就睡着了。罗小麦潇洒地甩了甩湿头发，又很认真地把袜子都晒在了衣架上，然后走出了家门。天空中飘过一朵乌云，头发还黏腻腻的，真是扫兴。不过他很快想到了一个好办法。

　　附近的博物馆里有一个恒温房间。由于气候持续变暖，科学家们正在努力研究应对的方法，据说恒温房间采用了最新的科学技术，不仅降低了对能源的消耗，而且不会产生温室气体。其实罗小麦并不在乎这些，他只是觉得那个房间暖乎乎的，很舒服，可以让他的头发快点干。

　　博物馆的副厅里面，正在展示着一具恐龙的骨架。

　　"咦，那是什么?"罗小麦匆匆路过，不过，还是有一点不寻常进入了罗小麦的视野。恐龙的骨架上面一闪而过的绿色，好像给恐龙覆上了绿色的斑纹。

　　"怎么会被人类发现了?"来自蛙星的博士也发现他的能量正在降低，隐身术很不稳定，让他时隐时现。他赶紧调整了一下胸口的能量盾，能量又充足了。

　　蛙星是宇宙深处的一个星球，已经发展出了极为高度的文明，并且能够在宇宙中自由地穿行，与各种不同程度的文明进行交流。作为来自蛙星的一名学者，蛙星博士虽然刚刚来到地球做研究工作，却已经对地球产生了浓厚的兴趣。

　　蛙星博士的个子不高，大概只有60厘米，他的手脚纤长，皮肤是绿色的，脸上布满了褶皱，眼睛很大，并且向外凸出。他穿着短袖西装和短裤，打着领带，并且戴了一顶礼帽，这是蛙星科学家的标准着装。此时，蛙星博士正在测量着恐龙骨架，这无疑是在地球上的又一个新发现。

　　博士抚摸着恐龙的肋骨，测量它躯干骨架的周长、肋骨的长度。他又走到骨架上，用脚来测量尾骨以及腿骨的长度。然后，他又把几张纸片一样的东西

插进了恐龙骨架的四肢下面，用来测量骨架的重量。

罗小麦纳闷儿地看着眼前的绿色小人儿。这是博物馆的高科技？颜色像一只青蛙，样子倒像是一个活灵活现的机器人呢。他在测量恐龙骨架，可是难道非要用手和脚去比较，方式不能现代化一点吗？

"喂，你可以用这个测长度呀。"罗小麦说着，从背包里面拿出了一把钢卷尺。他的大背包简直是一个百宝囊。因为罗小麦总是记不住要带什么东西，也记不住要把包里的东西拿出来，所以包里塞满了各种各样的东西。还好，他的包足够大，什么都装得下。

"这是做什么用的？"博士对地球上的物品还不熟悉，充满了好奇。

"这个呀，"罗小麦最乐于助人了，"这是测量长度的工具，叫钢卷尺。它的测量范围是5米，最小刻度是1毫米，你只要把这一头放在起点上，然后拉……拉……"罗小麦热心地走上前去帮助博士，不过他很快就发现，测量恐龙躯干的周长，用钢卷尺太不方便了。

钢卷尺是金属做的，适合测量不太长的直线距离，比如桌子的长度，房间的宽度、高度等。要测量

腰围、胸围或是树干的周长，还是皮尺更合适。因为皮尺可以随意弯曲，更加贴合物体表面。至于平时写数学作业，当然是直尺最方便了。

"精确到毫米？"博士皱了皱眉头，他的激光测距仪器可是精确到纳米的，"我需要的是能够测量更小物体的仪器。"博士彬彬有礼地说道。

罗小麦的脑海里面立即浮现出了一些小东西——小瓢虫、小米粒、细菌、病毒什么的。他模模糊糊地记得在书上看到过，用千分尺可以测量头发丝的直径，那是比游标卡尺还要精密的测量工具。不过，如果要测量病毒那么小的东西，要用什么来测量呢？测量一幢高楼那样大的东西，又要用什么来测量呢？他还真没有思考过。

"等等，我来查查。"

"不，不用了，这个很方便。"博士抬了抬他的脚。原来，脚底下是蛙星人特有的激光设备，不但可以测量大的物体，还可以测量微小的物体。博士刚刚就是在用这些激光设备测量恐龙骨架。

"咦，你怎么能看到我？"博士这才发现他的隐身术彻底失效，他完全暴露了。

"当然能看到。"罗小麦也纳闷儿地挠了挠头。不过好像一开始是看不到的，然后忽隐忽现的，忽然就能看到了。

远处有一群人走过来了。要被人类发现了，怎么办？情急之下，博士跳进了罗小麦的大背包。

"快带我走！"

科学课堂

如何测量细菌、病毒的大小？怎样测量一幢高楼的高度？

小伙伴们，你们是不是经常在电视里看到科学家用显微镜做研究工作？科学家们在光学显微镜下就可以看见细菌的身影，它们的大小一般要用微米（即百万分之一米）来表示。大肠杆菌的长度在2微米左右。

而病毒比细菌还要小得多，只有在电子显微镜下才能看见，大小要用纳米（十亿分之一米）来表示。病毒的大小通常在20到400纳米之间。如果说细菌是

篮球那么大的话，那么病毒只有芝麻那么大哦。

截至2024年7月，我们国家最高的楼是上海中心大厦，有632米那么高呢。这是怎么测出来的呢？最简单的方法就是将拴有重物的绳子从大楼的顶部下放到地面，那么绳子的长度也就是大楼的高度了。不过，这个方法也太麻烦了，首先你得找到足够长的绳子。随着科技的发展，现在有激光测距工具，可以很方便地测量大楼的垂直高度。

第二章

寻找"物质之盾"

（物体的特征，物质的分类）

"特别警示！包大星人发动袭击，击中宇宙飞船，宇宙飞船中央控制系统损坏，我将和您失去联络，博士，抱歉我将无法再为您提供保护能量，无法提供……"充满金属感的声音响了一会儿，就像断了信号一样，发出几声吱吱的响声之后，悄无声息了。

罗小麦一边走进家门，一边纳闷儿地看着博士——他身上没有任何仪器，也看不到通信设备在哪里。

博士好像看透了罗小麦的心思，他摸了摸耳朵后面的软骨："咳咳，通信设备就在这根软骨上面。包大星人刚刚破坏了我的飞船，恐怕现在正在地球上地毯式搜索我呢。谢谢你带我到你家里来。"

"包大星人？为什么要找你？"罗小麦纳闷儿地问。

"那是因为我的一个发明。包大星人是宇宙中一个

强悍的种族，他们脸上的五官不清晰，整张脸看起来就像一个包子，还是有褶的那种。"博士详尽地给罗小麦介绍着情况，就目前的形势来看，他很需要这个地球孩子的帮助，"他们需要更多的能源来进行星际扩张，而我恰巧发明了这种能源装置。"

"什么能源装置啊，是不是就是类似永动机的机器？"罗小麦兴奋地说道。

"这可不是永动机哦，永动机是不符合科学原理的。你知道吗？物质在接近黑洞的边缘时，会产生高温和高能量的辐射。我发明的这个装置能收集这些辐射，并将它们转化成能源……"地球的科学家对于黑洞的研究还在起步阶段，而蛙星人却掌握了如此先进的宇宙科技。

"罗小麦，你和谁讲话呢？"罗小米忽然大大咧咧地冲了进来。

"给你介绍一下，蛙星博士。"罗小麦一副扬扬得意的模样，终于迎来了历史性的能镇得住罗小米的时刻了。

"蛙星博士，你好。"罗小米大方地和博士打招呼。接着，她义愤填膺地说："我最恨长得像一个包子还有褶的人了！"

"罗小米！"罗小麦生气地说道，感觉又被捉弄了。无论是博士还是罗小麦，都还没有给她说到包大星人呢。她刚刚一定在门外偷听了，而且她十分不想错过这么有趣的事情，所以就推门进来，还做出了夸张的惊诧表情。"你偷听我们讲话？你刚刚是不是一直都在门外面？"

"不要在意这些细节。"罗小米得意地歪了歪头，推开罗小麦，凑到了博士的身边，"博士，包大星人也会出现在我家附近吗？那我们现在要做什么？"

"我现在失去了保护能量……包大星人的基因定位技术会在一周内发现我。所以，我必须在包大星人找到我之前，制造出坚固的'物质之盾'。"

"坚固的'物质之盾'？"罗小米念叨着，"那是什么呢？"

博士顺手拿起了罗小麦写字桌上的四样东西：一个乒乓球，一个长方形的小木块，一块橡皮，还有一枚螺丝帽。"比方说，这四样东西，就是由四种物质制成的。我们需要在地球上找到合适的物质来制造出'物质之盾'。"

"这些都是物质！"罗小麦茅塞顿开，"这么说，我每天都住在物质之中、睡在物质之上？房子是钢筋混凝土制造的，床是木头制造的，这些可都是物质呀。"

"那还用说，"罗小米给了罗小麦一个大白眼，"你每天吃的也都是物质呀，食物是为生物提供能量的物质。"

这么看，物质还真是无处不在。

"这是一块木头，长方体，淡黄色，大约15克。" 博士启动了他手掌上的膜形分析仪。这种分析仪的外壳是用类似于皮肤表皮组织的物质制造而成的，可以很好地和皮肤融合在一起。

"博士，不用这么费力气了，我来给你介绍就好了。**这是乒乓球，塑料制成的，球体，白色，大约3克。"**

"这个嘛……"罗小麦拿起了橡皮，却愣住了，每天都在使用橡皮，却说不出来这是用什么材料制成的。

"橡皮，长方体，灰白色，大约20克。" 罗小麦故意省略掉了橡皮是用什么制成的这个问题。

"橡皮的主要成分是橡胶。天然橡胶是从橡胶树的乳胶中提取的。1770年，英国化学家约瑟夫·普里斯特利发现橡胶有能擦除铅笔字迹的特性。从那以后，

这种材料被称为'rubber',这个名称至今仍然沿用。"罗小米得意地说道。

"行啊,罗小米。"罗小麦赞赏地说道,真没想到罗小米懂的东西这么多。

"我上网查了一下,哈哈。"罗小米挥了挥藏在身后的手机,坏笑着耸了耸肩膀。

没有时间听双胞胎斗嘴,这个时候,博士已经查出了螺丝帽的基本特征。

"螺丝帽,不锈钢材料,正六边形,银白色,大约45克。"博士放下了螺丝帽,摇了摇头,"太重了。"

"博士,地球上有那么多种物质,如果一样一样地排除,那要到什么时候呀?"包大星人可是在一周之内就能找到博士的。

"要寻找符合我的身形,浅色或透明,轻薄的物质。"博士说出了制造"物质之盾"所需要的物质的基本特征。

"符合博士的身形?蛙形?"罗小麦吃惊地说,在地球上难道还存在蛙形的物质吗?

"不,不,只要能正好罩住我的身体就可以了。"博士连忙纠正。

"哦，"罗小麦又恍然大悟了，"那弄个纸箱子不就行了吗？"

科学课堂

自然界中有天然存在的完美正方形吗？

小伙伴们，你们一定觉得，身边到处都能看到正方形呀，桌子、瓷砖、书本……让我们再仔细思考一下：自然界中真的有天然存在的完美正方形吗？

仔细观察一下，你会发现，自然界中很少有完美的正方形，更多的是接近正方形或立方体的形状。（立方体是一种三维形状，具有长度、宽度和高度，6个面都是正方形。）

比如，一种生活在澳大利亚的袋熊，它拉出的粑粑是接近立方体的形状。科学家们对这种独特的粑粑进行了研究，原以为这种袋熊的肛门是正方形的，但在进一步的研究中，他们发现它的肛门和其他动物并没有什么不同，都是圆形的。这种粑粑的形状其实与袋熊的肠道构造有关，袋熊通过特定方式收缩肠道肌肉，使得粑粑成了近似立方体的形状。

　　某些矿物的结晶，如食盐、萤石和黄铁矿，也会自然地呈现出接近立方体的形态。

　　人类长久以来一直受到各种形状的启发，在建筑、日常用品的设计中广泛应用这些形状。观察现代建筑，你会发现正方形或立方体的设计元素无处不在，这既体现了功能性，也展现了独特的美学魅力。

第三章

坚果射线

（空气和水的性质与特征）

"不，不。"博士连连摆手，"包大星人发明了一种坚果射线，这种射线可以在对方没有感知的情况下读取对方的DNA并进行比对，被称为基因定位技术。生物的DNA具有特异性，尤其是我们蛙星人，具有非常独特的DNA，所以很容易就能被分辨出来。我要寻找的是用来扰乱这种射线的物质。先扰乱坚果射线，再用地球人的DNA进行伪装，这么一来，包大星人就难以发现我了。我们要找到浅色或无色，质量轻，柔软而易于塑形的物质。"博士似乎是在和罗小麦、罗小米解释，又像是在自言自语。

"空气！"罗小米脱口而出。

"空气是一种覆盖在地球表面的无色、无味、透明的气体，主要由氮气（约占78%）、氧气（约占21%）组成，还包括二氧化碳、稀有气体、水蒸气等成分。空气中的氧气对于所有需氧生物来说是必需的。大部分动物都需要氧气，而绿色植物在呼吸作用中也需要氧气并会产生二氧化碳。此外，绿色植物利用空气中的二氧化碳进行光合作用，空气几乎是所有植物所需二氧化碳的主要来源。"罗小米用手机搜索着资料，学着博士的口吻介绍道。

罗小麦深深地吸了一口气，然后又呼了出去，说："这就是空气啦。说得那么复杂，故作深奥。"

"你……"罗小米瞪了罗小麦一眼。

"哦，空气。空气的质量的确很轻，每立方厘米大概只有0.00129克重，无色，可是它并不能阻挡和扰乱坚果射线，相反，坚果射线在空气中有很好的传播性。"博士又启动了他的膜形分析仪。

"不行吧？"罗小麦得意地看着罗小米，"那水呢，博士，水也是无色的。"罗小麦哧溜一下，从博士的面前滑了过去，从橱柜里面拿出来两个杯子，一个是圆柱体的马克杯，一个是腹大口小的高脚杯。

水，液体，无色无味，由氢和氧组成。水是地球上最常见的物质之一，地球表面约有71%被水覆盖。它是包括人类在内所有生命所需的重要资源，也

是生物体最重要的组成部分。它在空气中含量虽少，却是空气的重要成分。在液体状态下，水没有固定形状。

罗小麦把水倒进马克杯里，水就变成了马克杯的形状；再把水倒进高脚杯里面，水就变成了高脚杯的形状。

这不是很符合博士的要求吗？如果有一个按照蛙星人的体型制造的器皿，水就会变成蛙星人的形状了。罗小麦越想越激动，甚至都想好了设计效果图——蛙形杯被制造了出来，里面装满了水，博士站在旁边。

博士把手掌靠近了水，启动了膜形分析仪。不一会儿，博士竟然真点了点头。

"不错，水可以在一定程度上扰乱坚果射线。"

"太好了！"罗小麦欢呼道，"我知道了，博士，你只要待在浴缸里面就可以了。我现在就去放水。"罗小麦迫不及待地冲进了浴室。

罗小米站在后面叉腰看着罗小麦，她本能地感觉到又有笑话可以看了。

在相同的时间里，地球上不同的人们正在做着各种各样不同的事情。比如，罗小麦和罗小米正在寻找可以帮助博士的物质，而这个时候一个叫作诸怀的人正火速赶往罗小麦所在的区域。诸怀和罗小麦本是素不相识的，可是现在他们因为蛙星博士，将产生一些奇妙的联系。

外星人来到了地球上，对于怪物研究所来说早已经不是稀奇的事情了。怪物研究所是地球上一个神秘的组织，它的成员由顶尖的科学家和间谍组成，成员的代号均取自我国著名古籍《山海经》中的怪物名称。诸怀就是其中的一员。

蛙星博士在地球上暴露的瞬间，怪物研究所已经发现了他。怪物研究所的任务并不是和外星人对立，甚至在外星人不打扰地球人的情况下，他们也不会去理会。他们的任务是保护地球人。在地球人即将发生意外的时候，怪物研究所的成员会及时出现并阻止事件恶化。诸怀现在的任务就是保护罗小麦和罗小米。

"叮咚……"门铃响了起来。

"不会是包大星人吧？这么快就找上门来了？"罗小米紧张地盯着门口。

"快递！"外面有人喊道。

罗小米再转过头去看的时候，发现博士已经不见了踪影，溜得可真快。

"罗小麦，你开门，找你的。"罗小米冲着屋里喊。

罗小麦在网上下单为博士订购了一些餐具，想不到送货的速度这么快。罗小麦晃晃悠悠地打开了房门，一只蜜蜂恰巧飞了过来，落在了他的头顶上。"啪!"罗小麦拍了上去。蜜蜂旋转着落下，然后竟然又飞了起来，越飞越高，飞出了视线。头顶一阵儿疼痛，一个红包迅速长了出来。罗小麦左右看了看，没

有人，只有一个快递包裹被放在了门口。

"拿个快递都能被蜇一个大包，我怎么这么倒霉！"

科学课堂

实验：在家制作彩色的雨

实验材料：

1. 一些火龙果皮

2. 一个小网兜

3. 一锅开水

实验步骤：

1. 吃剩下的火龙果皮不要丢掉，用开水泡一泡，再把泡过的水冻成冰块，就成了彩色的冰块。（此步骤提前一两天进行。）

2. 把冰块放进小网兜里，将小网兜放到开水锅的上方，观察冰块的变化。

3. 在蒸汽作用下，冰块会融化，很快就会"下起彩色的雨"。

注意事项：

一定要在家长的辅助下进行实验，千万不要被烫伤哦！

实验原理：

1. 火龙果皮中含有天然的色素，这些色素在水中能够轻易地溶解。

2. 冰是水的固态形式。接触到蒸汽后，冰会吸收热量并融化成水，这是物质从固态转为液态的过程。

第四章

同学乌大龙
（物质与材料的区别）

　　自从认识了博士，罗小麦觉得自己和以前不一样了——他不再是一个普通的小学生了，他现在是一个肩负着保护博士使命的小学生！上学的路上，罗小麦正在这样想着，同学乌大龙从后面追了上来。

　　"罗小麦，早上好呀。"

　　"早，乌大龙。"罗小麦一看到乌大龙就兴奋得不行，他期待乌大龙可以看出一丝端倪，或者就是一丝丝不同也好。

　　"罗小麦，你早上吃的什么？"乌大龙只是盯着自己手里的油条，并没有多看罗小麦一眼。

　　"我吃的包子。"罗小麦这句话一出口，连忙警觉地看了看周围。他刚刚说了什么？包子？他早餐的确吃了包子，可是这会不会引起长得像包子的包大星人的警觉，会不会被包大星人认为是一种不可原谅的

挑衅？

"包子哪有油条好吃呀。"乌大龙自顾自地说着，"这个油条可是有讲究的呢，外面是脆的、里面是软的才好吃。油条和豆浆是标配，不过那是我妈说的，我觉得油条配可乐才叫人间美味呀。先倒一大碗可乐，然后把油条撕下一小段，扔到可乐里面，在可乐浸透和未浸透油条之间，把油条塞进嘴巴里……"乌大龙同学可是出了名的啰唆。

罗小麦虽然很想反驳乌大龙，这么吃太不健康了，可是他决定不搭话。因为如果搭了话，那么乌大龙能够就着这话题聊很长时间。果然，不一会儿，乌大龙觉得没趣，准备转移话题了！

"哎，罗小麦，那你昨天晚上吃的什么？"

罗小麦忍不了了："你别管我吃什么了，你看看我，你有没有看出我今天有什么与众不同？"

"没有。"乌大龙抬头看了罗小麦一眼，又继续吃油条了。

"你就不能仔细看看吗？"罗小麦肩负着重大使命的自豪感油然而生，觉得从头到脚都是崭新的，沐浴着神圣的光辉。

"哦，眼角有眼屎。"这次，乌大龙多看了他两秒钟。

"不是吧，有眼屎是很平常的事情，算不上不同。"罗小麦诚恳地说道。

看在罗小麦这么诚恳的份儿上，乌大龙又多看了两秒，小心翼翼地问："两只眼睛都有眼屎，算不算不同？"

"算了，不和你说了。"罗小麦气呼呼地要走了。

"哎，等等，"乌大龙又追了上来，"我仔细看，不过，你得答应我一件事，学校最近不是有校园十大歌手比赛吗，晚上我能不能去你家排练？"

"好！那你可要看仔细了。"

这一次，乌大龙果然认真了许多，看足了二十二秒，然后说："我知道哪里不同了，细心观察是多么重要。你的头上，你的头上多了一个红包。"

罗小麦叹了一口气，人生得一知己难矣！

"说定了啊，晚上去你家排练。"乌大龙在奔跑的罗小麦身后喊道。

此时，博士正在罗小麦家里紧张地忙碌着。

包大星上有许多不同类型的间谍，被统称为包大

谍，具体又分为包大羊、包大美、包大学等等。包大羊力大无穷，包大美神秘莫测，包大学博学多才。这些间谍，无论是哪一个现在出现在博士的面前，他都很难应对，他必须尽快发明出"物质之盾"。可是，他刚刚来到地球，对地球上的材料并不熟悉。此时，他被厨房餐台上的那一大排碗吸引住了。"这么多不同的材料！陶瓷、塑料、不锈钢、木头……"博士感叹道，好像这些在他的眼里都不是碗，而是制造"物质之盾"的材料。

"地球上有那么多的物质，当然也有那么多的材料啦。"博士手掌上的膜形分析仪说道。这个分析仪内嵌了一个芯片机器人，不但是博士做科学研究得力的小助手，也是博士的好伙伴。

"你这么说不太严谨。**材料都是物质，可是，物质可不都是材料。那些能够用于制造各类物品的物质才能被称为材料。**"博士严谨地纠正道。膜形分析仪也会因为博士的纠正而获得更多新的知识，变得更加博学。

"我知道了，我能分清什么是材料，什么是物质了。"膜形分析仪字正腔圆地说道，"**比如沙子就是一种材料，可以用来制造玻璃瓶子；木头也是一种材**

料，可以用来造纸，造家具；石油也是一种材料，可以用来做塑料玩具；矿石也是一种材料，可以用来做金属制品；黏土也是一种材料，可以用来做陶瓷杯；棉花也是一种材料，可以做身上穿的衣服。"

"非常好。"博士一一拿起了那些碗，抚摸着这些材料，感受着它们的质感。膜形分析仪又说话了："**塑料，质轻、绝缘、不耐高温；木头，隔热、轻便；陶瓷，易碎、耐高温；不锈钢，结实、散热快……**"

"汪汪！"罗小麦的爱犬小Q跑了过来，冲拿着不锈钢碗的博士狂吠不止。原来，这个不锈钢碗是小Q的饭碗。

科学课堂
有能浮在水上的金属吗？

生活中那些常见的用金属制成的物品，比如首饰、保温杯、钥匙、炒勺等，密度都比水大。如果把它们扔进水里，就会统统沉底了。可是你们知道吗，还真有一种金属能浮在水上呢！这种金属就是"锂"。

"锂"这个字的发音同"里"字。锂可不是高不可攀的金属哦，它在我们的生活中还挺常见的。比如手机、汽车里都经常会用到的锂离子电池，就含有锂离子。

锂元素是由瑞典化学家约翰·奥古斯特·阿尔费德松在1817年发现的。当时他在分析一种来自瑞典乌陶岛的矿石时，注意到了一种未知的金属，这种金属在燃烧时会发出洋红色的火焰。后来，他的导师、著名化学家贝采利乌斯进行了进一步的研究，并将这种新元素命名为"锂"。

锂是一种很轻的金属，它的密度大概是水的二分之一。所以，锂能浮在水面上，好像练就了"轻功"一样。但要注意，锂会与水发生剧烈的化学反应，生成氢气并释放出大量的热量，从而使产生的氢气极易被点燃，甚至发生爆炸。所以千万不要尝试把纯锂放到水里哦！

第五章

歌手比赛排练

（物质的溶解，溶解度）

"博士，发生了什么？"罗小麦放学回家，推开门，迎接他的不是小Q，而是一片"汪洋大海"。罗小麦不会游泳，他接连喝了好几口水。水是咸味儿的，他好像掉进了盐水里。

"罗小麦，你在我的雨衣里面。"博士抱歉地说道，"我正在做实验。这是我新发明的基因雨衣，你一开门，撕开了雨衣的夹层并进到了夹层里，里面都是盐水……不过不要紧张，我现在缩小它，你很快就能出来。"

博士的话音落下，罗小麦"砰"地掉落在了地板上，浑身湿漉漉的，还打了一个嗝儿，不知道是不是喝盐水喝饱了。博士摊了摊手掌，向罗小麦表示抱歉。他正站在吧台上，台面上摆满了盐、糖、鸡精、酱油、醋、生粉、花椒、八角。博士的造型也很奇

特——穿着雨衣在下厨。

"我已经找到能够屏蔽坚果射线的物质了。"博士忍不住兴奋地宣布着，看来他这一天的研究进展相当顺利。博士指了指他身上的雨衣继续说："我改进了这件雨衣，利用均衡压力，在夹层中间均匀注入了盐水，能有效阻挡坚果射线，并且可以轻松闭合。"然后，他挥了挥手，将雨衣帽子的两侧捏在了一起，博

士完全被罩进了加了盐水的雨衣之中。

"所以，这件雨衣可以成为'物质之盾'？"罗小麦质疑地撇了撇嘴角。

博士看出了罗小麦的疑惑，耐心地解释道："你刚刚也看到了，雨衣材料的黏性增加了，所以雨衣的帽子可以轻松黏合在一起。我还改造了材料的弹性，这件雨衣既可以容得下我的身体，也能容得下这栋房子。"

"这栋房子？"罗小麦惊讶地叫了起来。怪不得他刚刚进门就进到雨衣里面去了，博士的本领还真是挺大的。

"罗小麦，我再演示给你看。"博士的解释总是那么细致入微。他开始扯动雨衣，雨衣逐渐变大起来，先是覆盖了灶台，紧接着把整个厨房的墙壁都覆盖住了。

雨衣还在继续变大……

"行了，行了，博士。"罗小麦连忙叫停，他可不想再进到雨衣里面去了。

"在改造了材料的弹性之后，我又加强了材料的屏蔽性。"博士收回了雨衣，厨房终于恢复了原样，"我

发现这几种物质可以溶解于水中，我今天用它们都做了实验。"他指了指盐、糖、鸡精、酱油、醋。

在生活中，许多物质都能在水中溶解，如我们经常会把食盐和白糖放入水中，食盐和白糖在水中溶解，成为盐水和糖水。但是也有很多物质是不能溶解于水的，比如油、八角、花椒和生粉。

"而糖的溶解度比盐的溶解度高。"博士继续说道。

"溶解度？"罗小麦皱了皱眉。

博士微笑着解释："简单地说，溶解度就是指在固定温度和压力下，某种物质在每100克水里可以溶解的最大量。当水无法再溶解更多时，我们就说达到了这个物质的溶解度。"

罗小麦点点头："我经常用盐和糖来泡水。糖放进水里很快就溶解了，而盐要用更长的时间才能溶解呢，有时候我会搅拌一下，溶解得就更快了。"

博士赞许地说道："的确如此，**搅拌的过程增加了物质和水分子之间的接触，这自然会加快溶解速度。温度也会影响溶解速度哦，比如加热就可以使盐更快地溶解。此外，颗粒的大小也会影响溶解速度。大块的冰糖不容易溶解，但如果你把它打碎成小块，它就**

会更容易溶解了。"

突然，博士又兴奋起来："我继续跟你说我的新发明……在做了一系列的实验后，我发现盐水的屏蔽效果更好，注入盐水的雨衣已经完全可以屏蔽坚果射线了。接下来，我仿制了人类的DNA，把雨衣变成了基因雨衣。它利用了纳米技术，在我的身体表面形成覆盖层。覆盖层由无数微小的纳米机器人组成，这些纳米机器人模仿并呈现出人类的皮肤纹理、颜色和其他身体特征，使我看起来像是变成了人。只要我穿上这件基因雨衣，按下这个按钮，就和你们地球人无差别了，连包大星人都无法通过基因定位技术发现我。"

"好神奇啊，"罗小麦好奇地说，"博士，那你按动按钮试一下。"

叮咚叮咚，这个时候，门铃忽然响了起来。

"罗小麦，我来你家排练了。"乌大龙在门口大嗓门儿地喊道，"开门！"

"你五音不全，还要参加校园十大歌手比赛？"罗小麦拉开了门，不耐烦地说。乌大龙唱歌实在太难听了，而且他唱歌和说话一样啰唆，不唱到该睡觉，

是不会回家的。他也知道扰民，所以他不在自己家里唱，要来罗小麦家里唱，罗小麦以前都被邻居投诉过好几回了。

"反正你爸妈也不在家。"乌大龙瞅了一个空子钻了进来，"这位是?"他已经看到了博士。

博士果然变成了人类的模样，身高也达到了普通地球人的高度，并且看起来非常帅。

"哦! 啊! 我表哥。"罗小麦惊讶地说道。还没有人看到自己的表哥能这样惊讶吧。

"表哥好。"乌大龙礼貌地和博士打招呼。博士的基因雨衣的确很成功，乌大龙完全没有发现博士不是地球人。

"你家哪个房间比较适合排练?"乌大龙见客厅有人，就往卧室钻。他先是溜进了罗小麦的卧室，但是嫌弃罗小麦的袜子臭，捏着鼻子出来了；又跑到了罗小米的卧室，被罗小米用网球拍给赶了出来；最后，又闯进了罗小麦爸爸妈妈的卧室。

"行了，就在这个卧室练吧，一会儿你把门锁上，我把耳朵堵上。"罗小麦已经被乌大龙折磨得有气无力了。

"啊……"乌大龙唱了两句，"不行，罗小麦，这间屋子的回声不够好，我要去洗手间试试。"

罗小麦真想一脚把乌大龙从房子里面给踢出去。可是不一会儿，乌大龙就从洗手间里面出来了。

"不行，洗手间每隔一会儿就有楼上马桶冲水的声音，太影响发挥了。"

"你就凑合吧。"罗小麦白了他一眼，"你就当冲水声音是伴奏，反正你也就是一个洗手间歌手，别要求那么高了。"

"不行，不行，罗小麦，你家不是还有个储物间吗？那里应该合适。"乌大龙肯定地说道。

"请——"罗小麦做了一个欢迎的手势。自从他们搬进来，储物间都没有打扫过，大概有八九年了吧，里面都是灰，就让乌大龙进去吸吸灰尘吧。

果然，没一会儿，乌大龙就从储物间走了出来，头上还挂着一个蜘蛛网。

"罗小麦，我回家去了。"乌大龙说。

"这就回去呀？"罗小麦摆出一副想挽留的模样。不过，当门被关上，乌大龙真走出去了的时候，罗小麦却内心一阵儿狐疑。乌大龙怎么真走了？这一点也

不像乌大龙的性格呀！而且，他满屋子乱窜，真的好奇怪啊！

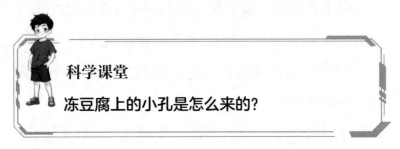

科学课堂

冻豆腐上的小孔是怎么来的？

同学们，你们吃过冻豆腐吗？有没有注意过冻豆腐上面的小孔？我们平常吃的鲜豆腐看起来光滑平整，可是，一旦把鲜豆腐放进冰箱的冷冻室里冻起来，再拿出来解冻之后，豆腐就变了模样，变得到处都是小孔。你们知道这些小孔是怎么来的吗？

其实豆腐中原来就有这些小孔，因为这些空间里充满了水，所以我们平时看不见。当豆腐被冷冻，小孔里的水就变成了冰。由于冰的体积大于水，冰会将小孔撑大，整块豆腐的形态就会发生变化。等到解冻后，冰化成水，流了出来，这些小孔就显现出来了。

同学们，下次吃冻豆腐的时候，仔细观察一下吧。

我们生活在一个由物质构成的世界中，所有的物质都在不断地发生变化。豆腐中的水结冰再融化，盐和糖溶解于水中，木头燃烧后变成灰烬，这些都是物质的变化，是不是很神奇？下一章我们会继续研究神奇的物质变化哦！

第六章

帐篷盲盒市集

（物理变化和化学变化）

"我跟你说，昨天乌大龙可奇怪了。"走到校门口的时候，罗小麦遇到了班上的同学刘晓静，她正在和她的好朋友聊天。罗小麦立即竖起了耳朵，有关乌大龙的糗事他还是很有兴趣听一听的。

"他昨天非要送我回家，我说不用了，他还是一直骑着自行车跟着我。"

"他对你说什么了？"刘晓静的好朋友问。

"他说想和我一起做作业。"刘晓静轻声嘟囔着。

罗小麦的耳朵都快竖成狐狸耳朵形状了。乌大龙昨天还去送刘晓静了？先送了刘晓静再去我家排练的？这个乌大龙真是时间管理大师呀。那么乌大龙昨天急匆匆地走掉了，是又去刘晓静家里做作业了？

就在这个关键时刻，罗小麦被班长陶桃给拦住了。

"罗小麦，今天的早读取消了，各个班级布置创意市集，我们要搭帐篷，你过来帮忙。"

"哎，别捣乱。"罗小麦想躲开陶桃。

"别想溜，罗小麦。"陶桃毫不客气地拦住他并说道，"每次劳动你都不积极。"

"什么帐篷呀？"罗小麦看着刘晓静走远了，无奈地叹了一口气。

"艺术节的帐篷呀。"罗小麦的好朋友石新不知道从哪里忽然冒了出来。罗小麦这才想起来了，校园十大歌手比赛和学校的艺术节同时举办，为了活跃气氛，各班同学在操场上举办创意市集。只不过，罗小麦这几天满脑子都是包大星人的事，把艺术节给忘记了。

学校艺术节是每一年的重头戏，每个班级都会拿出最佳创意，认真准备。艺术节后，学校还会进行评选，所以不仅学生热情高涨，老师们也十分重视。这不，操场上，许多同学都忙忙碌碌的。有的同学在模仿印第安人耍假蛇，有的班级在展台前摆了制作棉花糖的机器，有的班级则布置了制作糖葫芦的摊点。罗小麦所在班级的创意就复杂多了，叫"帐篷盲盒市集"。

"你说制作棉花糖是什么原理呀，糖粒儿怎么变成了棉花形状的，这是物理变化还是化学变化？石新，你知道吗？"看到有免费的棉花糖吃，罗小麦一溜烟窜到别的班级边上去了。

"我觉得这是物理变化。**糖粒儿只是改变了形状，也没有变成其他物质，所以是物理变化。**如果将小苏打和白醋混合在一起，那就会发生化学变化，小苏打和白醋都不见了，生成了醋酸钠、二氧化碳和水。"石新是他们班的科学课代表，说起这些来一套一套的。

"哇，石新，我都有点对你刮目相看了。"

只改变了物质的形态，或者只改变了形状大小，没有产生新的不同于原来的物质的变化，叫作物理变化。比如：水蒸气冷却后变成了水滴，水滴冰冻后变成了冰；把黄豆和沙子混合在一起，黄豆还是黄豆，沙子还是沙子，并没有新的物质产生；把一根木棍折断，木棍只是变短，也没有新的物质产生……这些都是物理变化。而有新的物质生成的变化，叫作化学变化。比如当铁与空气中的氧气和水反应，会形成铁的氧化物，也就是"生锈"。

"罗小麦，快把帐篷布置一下啦。"陶桃走了过来，无奈地看了罗小麦一眼，递给了罗小麦两个从校医室拿来的人体骨骼模型。"把这两个模型放到咱班级的帐篷里面，增添一点神秘气氛。"

"帐篷盲盒市集"，其实就是两个低矮的帐篷，人没有办法直立着身子走进去，要爬着进去，然后按照布置好的小通道，慢慢地向前爬。爬行过程中可能会摸到不同的物品，摸到什么就买什么，所以叫"帐篷盲盒市集"。

此时，他们班的同学苗苗和谢天已经把帐篷给搭好了。

"昨天乌大龙去我家开的菜店了，买了二斤排骨，还和我爸爸聊了一会儿天呢。"苗苗说。

"是吗？乌大龙还会买菜呢？"谢天一副惊讶的表情。

罗小麦一愣，这乌大龙昨天怎么做了这么多事儿，从他家离开后又去了苗苗家经营的菜店？一边想着，罗小麦一边拉开帐篷爬了进去。他在里面仔细摸索，先放好了一个骨骼模型，然后向前爬了一会儿，又放好了另一个骨骼模型。等他倒着爬回来的时候，忽然发现刚刚放好的那个模型不见了。罗小麦在黑暗

之中摸了摸，却只摸到了一张小纸片。

"模型去哪里了？"罗小麦很惊讶，"喂，石新，是不是你？不要闹着玩了。"然而并没有人回答。帐篷里黑乎乎的，帐篷的入口被苗苗他们给拉上了。他只好又继续向前爬，去对面找帐篷的出口，可是一直爬过去，发现他放在前面的那个模型也不见了，地上也有一张小纸片。

忽然，旁边有一只手拉了他一下。

"谁？"罗小麦大声喊道，冒出了一头的冷汗。

"嘘，地下。"一个低沉的声音说道。

罗小麦吓坏了，迅速地爬到了帐篷的出口处，慌乱中一阵儿折腾，终于把帐篷给拉开了。

黑暗中的诸怀叹了一口气。上次他打算用蜜蜂飞行器给罗小麦植入一枚监视芯片，以确保他的安全，结果被罗小麦一掌给拍了下来。这次他只是想让罗小麦看到地上的名片，希望他遇到危险的时候联络他……可是，他好像又把事情搞砸了！

罗小麦终于从帐篷里钻了出来，陶桃一脸生气地站在罗小麦的面前。

"罗小麦，为什么这两个模型还在这里？"她指了指旁边。紧接着，她又看到了被扯破了的帐篷，从生气变成了无奈："算了，不用你了，我去找乌大龙帮忙。"

"乌大龙请假了呀。"旁边的另一位同学忽然说道，"乌大龙昨晚放学的时候，在校门口掉进了挖水管的沟里面，被学校门卫送去医院了。"

乌大龙昨晚放学掉沟里了？

科学课堂

实验：制作一座"喷发的火山"

我有一座可随身携带的能喷发的火山，你相信吗？

我才不相信呢！

实验材料：

1. 一些棕色橡皮泥

2. 一个杯子和漏斗

3. 适量红色和黄色的色素

4. 适量醋和小苏打

实验步骤：

1. 把棕色橡皮泥捏成火山形状，并预留好火山口和火山内部的洞穴。

2. 杯子中倒入准备好的醋，再加入适量红色和黄色的色素。

3. 将小苏打放入火山洞穴中。

4. 用漏斗将杯子中的醋混合物倒入火山口，然后快速退后，观察"火山喷发"的壮观景象！

注意事项：

一定要在家长的辅助下进行实验，并做好防护措施。

实验原理：

哇，火山真的喷发了，这是怎么回事儿呢？

小苏打和醋之间发生了化学反应，迅速产生了大量的二氧化碳气体。这些气体把混合了色素的液体从橡皮泥火山口中推了出来，就像真的火山喷发一样！

第七章

包大谍的伪装术

（复杂物质的构成）

"喂，乌大龙，你怎么样？"放学一回到家，罗小麦连忙给乌大龙打了一个电话。乌大龙昨天明明还来他家排练唱歌了，而且还送了刘晓静，去了一次菜店，怎么会刚出校门就掉沟里了呢？这也太奇怪了吧！为什么昨天在乌大龙身上同时发生了这么多事？

"不太好……可能没有办法参加校园十大歌手比赛了。"乌大龙灰心丧气地说道。不过，他不能参加校园十大歌手比赛，实在是听众们的幸事呀。

"你什么时间掉到沟里面的？你昨天不是来我家排练唱歌了吗？"罗小麦纳闷儿地问道。

"还不是因为着急去你家排练，我走得太快了，刚出校门就掉沟里了。"乌大龙嘟嘟囔囔地说道，"你放学干吗走那么快呀，我在后面喊你你也听不到，我就使劲儿地追，然后就掉沟里了。"

"这么说，你昨晚没来我家？"罗小麦这么一想，惊出了一头的冷汗。那昨天晚上来他家的乌大龙是谁？

"我掉沟里了，怎么去你家？"乌大龙很生气，感觉罗小麦一点儿也不关心他，都不询问他的病情，一直在问一些不重要的事。不过，生气归生气，乌大龙还是准备主动向罗小麦聊聊他的病情："我摔骨折了，伤筋动骨一百天，我这情况可能要在家休养一阵子了……"而罗小麦已经挂断了电话。

罗小麦压根没有听到乌大龙后面说的那些话，他只觉得脑袋嗡嗡作响，呆呆地站在原地。昨天来他家的乌大龙到底是谁？怪不得昨晚的乌大龙有点奇怪呢，跑遍了他家的所有房间，然后就匆匆忙忙地走了。

"博士，昨晚来我家的乌大龙……是假的。"罗小麦呆呆地说道。

"假的？"博士思考着，"这么说，是包大星人的伪装术。"

"伪装术？"罗小米也凑了过来。

"是的。在包大星上，有一类人很擅长伪装，这些人通常都从事间谍类的活动，被称为包大谍。看来他们是派出了包大谍来追查我了，而且他已经注意到了

你，所以才会乔装成你的同学，到家里来寻找蛛丝马迹。"博士分析道，"幸好，我昨天研制好了'物质之盾'，成功地让他以为我是地球人，躲过了追查。"

"原来昨天来的是包大谍，并且他也去苗苗家、刘晓静家打探过了。"

"罗小米，你是不是假的?"罗小麦连忙去摸罗小米的脸。

罗小米白了罗小麦一眼。看来是真的罗小米，她那独有的表情，一般人还真模仿不来。

"博士，那包大星人到底还会伪装成谁呢?"罗小麦一脸疑惑的模样。

"任何人。"博士用低沉的声音说道。看这样子，擅于伪装的包大谍挺难对付的。"我们也只能见招拆招了，基于对地球上物质的研究，我今天又有了一些新的发明，不知道这些用于对付包大谍会不会有点帮助。"

"是这些吗?"罗小麦看到了博士放在桌子上的东西，有点儿像放大镜，只不过这个放大镜有很多层，而且上面还有两个按钮。

"这个是植物变化镜。"博士似乎很是满意他的新发明，"我来演示一下。"他把变化镜对准了桌子上的一小盆仙人掌，然后按动了按钮。忽然仙人掌变大了，变得比罗小麦还要高，张牙舞爪地展示着它的尖刺。

　　"这个变化镜使用了一种叫作'量子场调制'的技术。嗯，你们地球人可能还没听说过……简单地说，这种技术能让我们暂时地'调整'物体的大小。像这盆仙人掌，它现在只是暂时变大了，过一会儿它就会恢复原样的。"

　　"然后呢?"罗小麦纳闷儿地看着博士，把植物变大了做什么?

"然后还可以变小。"博士又按下了另外一个按钮，那盆仙人掌立即不见了。罗小麦仔细地找，才在地上找到了一棵米粒儿大小的仙人掌。

"哦，博士，"罗小麦恍然大悟了，"你是不是可以用这个植物变化镜把包大谍变得很小很小，然后……"罗小麦抬起了脚，向下踩去。

"不能。"博士遗憾地摇了摇头，"包大谍不是植物……"

罗小麦无奈地看着博士，那这种发明到底有什么用呢？

"这个又是什么？一个面包？这不会是给包大谍准备的早餐吧！"罗小麦指向另一个发明问道。

"这是昏睡面包。吃了这个面包，能睡上三天三夜，可不能轻易尝试啊。嗯，这个变化镜倒是可以再改良一下……"博士嘟嘟囔囔地说道。

"这个呢？"罗小米拿起一个涂改液模样的东西。

"这是细胞修复液，里面有我们蛙星人的基因，可以快速修复我的表皮细胞，也就是我们蛙星人的创可贴。"

"那这个呢？"罗小米又拿起了旁边一管牙膏一样

的东西，"这又是什么武器？"

"这个不是武器。"博士不好意思地说道，"我看到牙膏快用完了，正好有合适的材料，我就制作了一支牙膏。"

"博士，你连牙膏都能自己做？我用牙膏已经快十年了，我都没有想过可以自己制作牙膏。牙膏是怎么制作的？"罗小米好奇地说道。

"牙膏中主要含有摩擦剂，其中常用的摩擦剂包括碳酸钙、磷酸氢钙。当然牙膏之中也少不了湿润剂、表面活性剂、黏合剂等。把这些东西混合在一起，加热煮熟，牙膏就做出来了。"博士轻描淡写地说道，好像制作牙膏是多么简单的一件事儿。

罗小麦已经完全听傻了。碳酸钙、磷酸氢钙、表面活性剂、黏合剂……这些都是什么东西呀，他家里哪来的这些东西？

博士似乎也很抱歉，他没有把事情讲清楚。

"是这样的，碳酸钙就来源于你家院子里的这块石头。"博士拿起了桌子上的一块石头，详细讲了起来，"这恰巧是一块含有碳酸钙的原石，我把它磨碎了，经过一些特殊处理，作为摩擦剂。而湿润剂山梨醇呢，

是从冰箱里的这碗蓝莓中提取的。表面活性剂月桂醇硫酸酯钠是从厨房里的椰子油中提取出来的。黏合剂是从冰箱里的那袋海藻里面提取出来的。当然，我说着简单，其实也经过了一系列复杂的化学反应，也没有那么容易啦。"

"所以，这管牙膏就是用蓝莓、海藻、椰子油还有院子里的那块大石头做成的？"罗小米惊讶地说道。

"可以这么说。"博士点了点头，"如果你喜欢薄荷味儿的，我还可以加入一些薄荷香精。"

罗小米赶紧把牙膏扔回了桌子上，她可不想用院子里的大石头刷牙，谁知道罗小麦有没有在上面小便过。

科学课堂
肥皂是如何制成的？

"洗手，快洗手，用肥皂！"这句话，罗小米每天不知道要对罗小麦喊多少遍，进家门时要喊，吃东西之前也要喊，简直比老妈还啰唆。说起肥皂，那可真是我们亲密的"小伙伴"呢。只是，这个能洗掉油污的"小伙伴"竟然就是用油做成的，是不是很不可思议呢？

首先，我们把椰子油倒进一个大锅里，慢慢加入一些"魔法药剂"——烧碱，一边加热一边慢慢搅拌，直到我们看到锅里出现了黏黏糊糊的东西，那就是神奇的皂基啦！

接下来，我们要把皂基变成肥皂。在皂基里面加入盐水，奋力搅拌，把肥皂的成分分离出来，沉淀在下方的是盐和甘油，而浮在上方的就是肥皂了。顺便告诉你，甘油也是制作牙膏时需要用到的一种湿润剂呢。

把浮在上方的肥皂提取出来，摊成薄薄的一层，让它慢慢干燥。然后，用研磨机把干燥后的肥皂研磨成小颗粒，再放入搅拌机内，加入色素和香料，好让肥皂有颜色和香味。

最后，把肥皂放进压制机里，切割成大小合适的长方体，进一步打磨出肥皂的外形，包装好，就成为我们在超市里看到的肥皂啦。

第八章

三条准则

（细菌的形态，细菌与人类生活的关系）

这天清晨，博士已经早早地起床，开始工作了。

每天晚上，罗小麦哈欠连天的时候，博士在做研究工作。每天早上，罗小麦睡眼惺忪的时候，博士还是在做研究工作，并且都是穿戴整齐的。

"博士，有没有什么新的发明？"罗小麦祈祷博士已经研发出了对付包大谍的武器，这样就可以不用害怕包大谍了。

"细菌包子。"博士答道，指了指灶台上的包子。罗小麦还以为那是早餐呢，差点就吃了，没想到竟是细菌包子。罗小麦在书本上读到过关于细菌的知识。**细菌是所有生物中数量最多的一类，几乎无处不在。大多数细菌的大小为0.5～5微米，意味着大约两千个0.5微米的细菌连成一条线才有1毫米长。极大数量的细菌堆积起来才能有小米粒儿那么大。**

"细菌有许多形态，常见的有球菌、杆菌、螺旋菌。"博士解释道。

"我知道，我在显微镜下观察过。"罗小麦得意地说，"球菌的形状就像小球一样，杆菌像一根小棍子，螺旋菌弯弯曲曲的。虽然细菌有细胞壁、细胞膜和细胞质，但与真核细胞相比，它们属于原核生物，所以没有细胞核。"

"不错。"博士赞赏地点了点头，"细菌在生活中几乎无处不在，它们存在于食物、水和空气中，并在人与人之间传播。对于你们地球人来说，大部分细菌都是无害的，有些细菌还对身体有益。例如，嗜乳酸杆菌就是一种有益的细菌。你们经常吃的牛奶、酸奶和酸奶油中都有这种细菌，它们能帮助维护肠道菌群的平衡。不过，有些细菌也可以导致人类生病……"

"博士，你还是快点说说，这个细菌包子到底有什么用吧，能不能用它来攻击包大星人呢？"罗小麦觉得博士把话题扯得太远了。

"是这样，简单来说，这个包子是专门针对包大星人制成的有害菌包子，吃下去能让包大星人拉肚子。"博士解释道。

"然后呢？"罗小麦有些不解地看着博士，"只是拉肚子吗？那我们地球人吃了这个包子，会怎么样啊？"

"对包大星人来说，只是拉肚子。不过这种细菌对你们地球人是无害的。"博士解释道。

"那就是说，还没有发明出有效的对付包大谍的武器喽。"罗小麦感觉他的腿又在不由自主地发抖了。自从知道包大谍来到了附近，罗小麦看谁都像包大谍，仿佛一拉开房门，就进入了外星人的世界。小区门口的保安叔叔是包大谍，卖早餐的姐姐是包大谍，公交车司机叔叔也是包大谍……太可怕了。

"不要怕。"博士安慰道，"即便是再好的伪装术，也不会完全没有破绽的，我教给你三条准则来识破包大谍。第一条准则是目的准则。对方的目的会让他暴露身份，他伪装的目的就是要接近你，得到他想得到的消息。所以，凡是刻意接近你的人，都要小心。第二条准则是行为准则。所有反常的行为，都要小心。第三条准则是秘密准则……"

"博士，这个时候，你还要保守秘密呀。"罗小麦不满地嚷嚷。

"秘密准则是这条准则的名称。包大谍虽然可以模仿地球人的外貌、声音、举止，可是他不能模仿这个人的想法，更不知道他的记忆。所以，如果你和被模仿的人有共同的回忆，也就是一些秘密的话，那么包大谍是无从得知的。"博士解释道。

这个时候，罗小米正巧从房间里面走了出来。

"说，你的生日是哪天？"罗小麦凑了过去，一副把罗小米当作包大谍的模样。

"你又'掉线'啦……"罗小米不理罗小麦，走了出去，"还不是和你一天生日。"

"记住，三条准则，目的准则、行为准则、秘密准则。"博士在他们身后叮嘱道。

罗小麦把博士说的这三条准则牢牢地记在了心里，一路上都在嘟嘟囔囔地念叨，生怕忘记了。

"罗小麦，罗小麦！"

"谁？"罗小麦警觉地回头看，竟然是乌大龙坐着轮椅来上学了。可是昨天他不是说骨折了，不能来上学了吗？罗小麦狐疑地看着他——这根本就不是乌大龙，而是包大谍吧？乌大龙莫名其妙地出现了，又在接近罗小麦，符合目的准则！

"你到底是谁？"罗小麦狠狠地盯住乌大龙。

"你怎么了？"乌大龙纳闷儿地说。

"回答我的问题，你为什么跟着我？"罗小麦毫不客气地说道。

"我……我去上学呀，只……只是恰巧碰到。"乌大龙变得支支吾吾的。

乌大龙向来说起话来都是滔滔不绝、没完没了的，从来没有这么吞吞吐吐过，三条准则的第二条——行为准则也符合了，这根本就不像是乌大龙的行事风格。

"乌大龙，你早餐吃的什么？"罗小麦抛出了杀手锏，他在验证第三条——秘密准则。如果乌大龙不能说出他最喜欢吃的早餐，那么他就不是真的乌大龙，他就是假的乌大龙，真的包大谍。

罗小麦感觉周围的空气都凝结了，时间仿佛停止了，他观察着乌大龙的每一个细微的表情变化——真相马上就要揭晓了。

乌大龙咽了一口唾液，缓缓地说："早餐？吃的三明治呀。"

罗小麦的脑海中不停地盘旋着标准答案——油条，油条，油条，当他听到"三明治"三个字的时候，他飞快地踢向了乌大龙。罗小麦以为自己踢出了非常漂亮的旋风腿，结果他踢空了，转了一个圈之后，他摔倒在了乌大龙的轮椅旁边。

非常不幸的是，这段路是一段下坡路，罗小麦撞到了轮椅上，轮椅沿着坡路向下滑去，又被一块小石子绊了一下，乌大龙从轮椅上摔了出去，直接掉进了旁边的土沟里。

包大谍竟然如此不堪一击？就这么轻而易举地被我制服了？罗小麦简直不敢相信。

一个黑影以极快的速度来到了乌大龙的身边，并扶起了乌大龙！是博士！他穿了基因雨衣，变成了罗小麦表哥的模样。

"博士？你……"罗小麦纳闷儿地看着博士，他怎么帮起包大星人了。

"发生什么事了？我的头好晕……"乌大龙被摔得头晕眼花的，还没明白到底发生了什么事情，"石膏怎么裂开了？我今天不能上学了，得再去一次医院。"

"博士，难道……"罗小麦琢磨，"这不是包大谍，而是真的乌大龙？"

"他确实就是乌大龙。"博士充满同情地看着乌大龙的背影，"刚刚能坐轮椅上学，现在又得去医院了。"

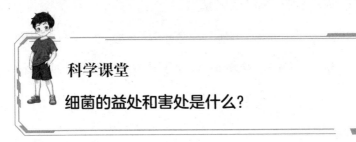

科学课堂

细菌的益处和害处是什么？

细菌虽然小小的，肉眼都看不到它，可是却与我们的生活息息相关。

许多细菌都是人类的好朋友。比如：我们吃的包子、馒头等面食，有时要通过发酵才能制作出来，而食品发酵需要酵母菌；有些人吃饺子一定要蘸醋，在制醋过程中则需要醋酸杆菌。

有一些食物垃圾，比如果皮、蔬菜茎叶等，埋在土壤里一段时间后，就不见了，这又是怎么回事呢？这是因为，这些食物残骸除了可能被昆虫、微生物吃掉，还会被腐生细菌"吃掉"。腐生细菌能将各种生物体的残骸分解转化为植物能够吸收和利用的物质。如果没有腐生细菌的存在，地球恐怕要变成一个大垃圾场了。从这个角度来说，腐生细菌是对环境有益的细菌。不过，腐生细菌也会使食物腐败、变质，使人食物中毒。从这个角度来说，腐生细菌就是对人类有害的细菌了。

还有一些细菌对人类来说是"坏细菌"，比如严重危害人类健康的痢疾、伤寒、鼠疫、霍乱、破伤风等疾病都是由细菌引起的。某些类型的链球菌也会使人患扁桃体炎、猩红热等疾病。

细菌与人类的关系十分密切。无论是对人类有利还是有害，细菌在我们的生活中都扮演了重要的角色。

第九章

大闹课堂

（生命的起源）

"这……这是一个小失误。"罗小麦尴尬地挠了挠头，"可是，这真的符合你说的那三条准则，不信，我说给你听听。他刚才接近我，这符合目的准则。然后，他说话吞吞吐吐，完全不像乌大龙说起话来滔滔不绝的样子，这符合行为准则。而且他早餐竟然吃的是三明治，这符合秘密准则。"

"可是，哪有人每天都吃一样的早餐呢？"博士无奈地看着罗小麦。

"说得也是。"罗小麦尴尬地笑了笑，"可是，我还是没有想清楚问题到底出在了哪里……"要想在茫茫人海里识别出一个外星人来，的确很难呀。

"作为秘密准则的问题，是要具备独特性的。"博士解释着，"也就是说，这是一个只有唯一答案的问题，恰巧这个答案只有你们两个人知道，这才可以作为秘密准则的问题来提问。"

罗小麦还是很困惑。

"比如说，我们两个第一次是在哪里相遇的?"博士继续耐心地解释。

"在博物馆。"罗小麦脱口而出。

"对，"博士点了点头，"这就是我们之间的秘密，而且答案是固定的，就是博物馆。"

"博士，我明白了。"罗小麦觉得他终于掌握了这三条准则，这回他一定能识破伪装的包大谍。

博士望着罗小麦的背影，隐隐地有种不祥的预感。

罗小麦走进了教室，环顾着教室里的每一名同学，他认为每一个同学都有可能是包大谍。这一节是科学课，科学老师已经站在了讲台上。

"罗小麦，"科学老师小声地说道，"快点回座位，你已经迟到了。"科学老师是一个刚毕业没多久的很和蔼的女老师，甚至还有一点儿害羞，如果有同学在课堂上捣乱，她的脸就会变红，有一次还差点哭起来。

石新看着罗小麦，不怀好意地笑着。

"同学们，昨天有同学问我'地球上是先有蛋还是先有鸡'这个问题，所以我想在今天的科学课上给大

家讲一讲'生命的起源'这个话题。"科学老师轻轻地合上了科学课本。

同学们都充满期待地望着科学老师，对于生命的起源这个问题很好奇，尤其好奇到底是先有鸡还是先有蛋。如果地球上先有鸡，那第一只鸡是从哪里来的？如果地球上先有蛋，那又是谁生了这只蛋呢？

罗小麦也在思索着，不过他想的可不是先有鸡还是先有蛋这个问题。他在想，科学老师今天有点反常！上课不是应该打开课本吗，怎么把课本给合上了？他翻遍科学课本，也没有"生命的起源"这一课。

"同学们，**在地球形成的初期，地球是滚烫沸腾的大火球，而且在之后很长一段时间里，地球上一片荒凉，毫无生命迹象。直到38亿年前，地球上形成了稳定的大陆块，并且出现了液态水，环境虽然炽热，但为地球带来了生命产生的必要条件。现生的一些极端嗜热的古细菌和甲烷菌，可能是最接近于地球上最古老的生命形式的存在。而最早的生命证据可能来自澳大利亚西部瓦拉伍那化石群中35亿年前的微生物群。**"

"我们的祖先是细菌？"课堂上一片哗然。

"**当然，关于生命的起源这个问题，现有的理论**

都是根据现有的科学依据推测出来的，并没有一个定论。"科学老师的目光炯炯有神，"这些推论中，被人们普遍接受的是以《物种起源》和米勒试验为理论基础的化学起源说。当地球上还是一片死寂的时候，地球上只有无机物，也就是不含碳元素的化合物。从无机物到有机小分子，是生命起源的第一阶段。那么第一个有机小分子是如何生成的呢？米勒的实验解决了这个问题。米勒用水蒸气（H_2O）、氢气（H_2）、甲烷（CH_4）和氨气（NH_3）模拟原始大气环境，生成了有机小分子。现在，几乎所有的有机小分子都可以在实验室里合成。而在地球上的海底黑烟囱和陆地热泉附近，也找到了类似能合成有机小分子的环境。生命起源的第二阶段，是从有机小分子到有机大分子，这一步也在实验室中实现了，科学家已经实现了人工蛋白质的合成。但关于有机小分子到有机大分子这个过程在自然环境下如何发生，我们现在还不完全清楚。"

"海底黑烟囱是什么呢？"有同学小声嘀咕着。

科学老师还沉浸在自己的思维里，继续讲了下去："生命起源的第三阶段，是有机大分子演化到原始单细胞生物的过程，这一过程到现在还是一个未解之谜。

接下来就是从单细胞生物演化到聚合在一起的多细胞生物，地球又走过了数十亿年。科学家们在化石中发现的恰尼虫给我们提供了最初的多细胞生物的样本，但是，关于恰尼虫到底是植物还是动物，目前科学界没有明确定论。"

"是植物还是动物，都无法确定？"这极大地勾起了同学们的好奇心。

"是的，还有在**加拿大纽芬兰的'错点（Mistaken Point）'生态保护区发现的大量古生物化石，都给我们展现出了生命最初的模样。而当生命从静态的存在发展到具有动态行为的生物，则是生命进化史中的重大突破。**"

"我知道，比如狄更逊水母，"石新插嘴道，"这可能是最初的能活动的动物，虽然它移动的速度非常慢。"

"很好。"科学老师赞许地点头，却忽然点了罗小麦的名字，"罗小麦，你有什么问题吗？一直嘀嘀咕咕的。"科学老师竟然主动点他名字了，这在科学课可是从来没有发生过的。这似乎符合了三条准则的第一条——目的准则，她想要接近他！

科学老师很可疑。

"老师，狄更逊水母是怎么游动的，是这样吗？"罗小麦站了起来，学着水母游动的模样跳起了舞蹈。

"罗小麦，你……"科学老师看着罗小麦，忽然不知道该说些什么了，一下子涨红了脸。

难道这是真的科学老师？还要再确定一下。罗小麦跳着水母舞旋转到了科学老师的面前，同学们发出了一阵儿起哄声，有同学甚至扔起了科学课本，石新也学着罗小麦的模样开始跳水母舞了，不愧是他的好朋友。

"老师，你还记得我上次科学考试的成绩吗？"这可是只有罗小麦和科学老师知道的秘密呀！

"什么？"科学老师愣住了，她的脸越来越红，越来越红。

科学课堂

"海底黑烟囱"是什么？

"海底黑烟囱"，顾名思义是存在于海洋深处的能够像烟囱一样喷出"黑色烟雾"的地带。只不过海底黑烟囱喷出的是约350摄氏度的含矿热液，这些热液与周围海水混合后，会迅速冷却并产生沉淀，变成富含金属矿物的"黑烟"。"黑烟"主要由磁黄铁矿、黄铁矿、闪锌矿和铜铁硫化物组成。沉淀物在喷溢口周围堆积，不断加高，形成一种烟囱状的地貌。

1977年，美国"阿尔文号"深潜器潜到了加拉帕戈斯群岛深海，测得深层海水的温度竟高达8摄氏度，同时海底生长着白色的巨型蛤类。这种反常引起了专家们的关注。1979年，"阿尔文号"带了许多生物学家再次前往此地进行研究。正是这次的研究，揭开了"深海热液生态系统"的神秘面纱。

2009年10月，中国自主研制的水下机器人"海龙2号"在东太平洋海隆海底发现了巨大的"黑烟囱"并成功取样。中国"大洋一号"科考船于10月23日使用"海龙2号"在太平洋赤道附近洋中脊扩张中心发现了一个高约26米、直径约4.5米的巨大"黑烟囱"，并成功收集了7公斤的硫化物样品。

海底黑烟囱之谜还在一步一步揭开。

第九章　大闹课堂（生命的起源）

第十章

真假校长

（染色体、DNA、基因）

"罗小麦，到我办公室来一趟。"校长不知道什么时候出现在了班级门口，看到眼前这一幕，严厉地说道。

石新吐了吐舌头，赶紧坐下了。

校长是个和蔼、儒雅的老人家，总是一副笑眯眯的模样，同学们都很喜欢校长。罗小麦也很喜欢校长，虽然以前经常调皮捣蛋，可这还是他第一次被请进校长办公室呢。这也是他第一次看到校长如此严厉的模样。

"校长……"罗小麦小声地嘟囔着，他知道闯祸了，也只有真的科学老师才会被气成那样满面通红的样子。

"进来。"校长摘下了眼镜，盯着罗小麦，"怎么回事儿？为什么要在科学课上做那样的动作？"

"这……"罗小麦还真觉得这事儿很难解释清楚，"校长，如果我说，我们学校里有外星人，您会相信吗？"

"外星人？什么样子的外星人？"校长又把眼镜给戴了回去。

"就是……包大星人，他们长得像包子一样。而且，他们有伪装的能力，能伪装成任何一个人，我以为科学老师是包大星人，所以……"罗小麦也不知道他解释清楚了没有，不过，大人是很难相信这些话的。

校长还在看着他。

"我就知道您不会相信的，可是，这些都是真的。"罗小麦叹了一口气。

"我相信。"校长忽然说道，"那么，你为什么知道包大星人在地球上呢？"校长走过来，靠近了罗小麦。

罗小麦打了一个激灵，忽然注意到一个不同寻常的细节——校长的领带松开了。校长是一个特别注重仪容仪表的人，他要求学生们穿衣要整洁干净，而自己作为表率，向来穿衣打扮都一丝不苟，怎么会把领带给松开了呢？而且，天气也并不热呀。

"我……"罗小麦看着校长，忽然想，校长不会是

包大谍吧？不过，这次他不敢随意下判断了。

校长却拿出了一支笔，在罗小麦的眼前晃动起来。罗小麦觉得意识渐渐地模糊，眼皮也越来越沉，可是依然能够听到校长的声音。

"你见到过包大星人？"校长似乎很迫切地想知道答案。

"我……我不知道。"罗小麦用残存的意识抵抗着，他无论如何不能说出关于博士的事。

"你认识蛙星博士吗？"校长继续问道。

"我……"罗小麦挣扎着，"我……不……是，是的，我认识，哦，不，不认识，我不认识。"

"要醒过来，要醒过来。"罗小麦不停地对自己说，"这个校长真的是包大谍，再这样下去，就会把一切秘密都说出去了。"

包大星人的伪装术可真厉害，竟然能变得和校长一模一样。他回想起博士说过的三个准则，没错。罗小麦以前从来都没有进过校长办公室，虽然在课堂上捣乱是违纪行为，但为什么不是班主任先找他谈话，而是校长呢？校长不会不注重着装，这一点也很可疑。那么第三个准则，他和校长之间有秘密吗？

"谁是蛙星博士？"校长继续问道，他晃动笔的速度越来越快了。

"我……秘密，秘密。"罗小麦一直在想秘密准则，说出来的话也变成了"秘密，秘密"。

这个时候，校长办公室外面有人敲门。

"罗小麦，检讨书写好了吗？到放学时间了。"校长收回了笔，罗小麦也渐渐地清醒过来，对于刚刚发生的事只剩下了一些非常模糊的记忆。

"我，检讨书吗？"他望了望桌子上的白纸，还空无一字。

罗小麦飞快地逃离了校长办公室。时间过得好快，已经中午放学了。

"博士，博士，不好了，包大谋出现了。"罗小麦的头很晕，他慌慌张张地往家里跑，一进门就着急地冲博士喊道。

博士正在做研究工作，看到罗小麦回来了，很开心地说道："这下好了，你有了这副眼镜，就不会再出错了。"

"博士，我有重要的事情要和你说，可是，可是我就快忘光了。"

"我之前说的三个准则确实不好把握，会容易出现判断错误的情况。现在有了这副眼镜就不一样了，通过这个眼镜就能识别出包大星人的DNA，这样就不会认错了。"博士挥了挥手中的眼镜，继续说道。

"DNA到底是用来做什么的呢?"罗小米恰好推门进来，不明白地问道。

"DNA是细胞核里的一种分子，它负责储存和传递遗传信息，就像是一串特定的指令代码，决定了每个生物种类的特征。例如，某种特定的DNA序列使鸭子的嘴巴长成扁扁的样子，另一种特定的DNA序列能够让老虎的皮毛出现特有的花纹。你们人类能够长成现在这个模样，也是由DNA决定的。而我们蛙星人的DNA则使我们长成了蛙星人的模样，包大星人的DNA让包大星人长成了包大星人的模样。"

这一串话，像绕口令似的，听得罗小麦的头越来越疼。

"DNA还真是神奇呀，那么它具体是什么样子的呢?"罗小米好奇地问道。

"你们**人类体细胞的细胞核中有46条，也就是23对染色体，每条染色体都包含一个DNA分子。**人体中的DNA分子呈双螺旋结构，就像两条卷曲的蛇盘旋而成。包大星人的体细胞内只有16对染色体，即使他们能够在外表上伪装成人类的模样，却无法改变只有16对染色体的事实，所以只要能够看到嫌疑人的细胞，就可以分辨他是不是包大星人了。对了，罗小麦，你刚才有什么重要的事情要说？”

"他能有什么重要的事情？”罗小米撇了撇嘴。

"是重要的事情，我知道谁是包大谍了！”

科学课堂

DNA、基因和染色体之间有什么关系呢？

提到遗传，我们经常会听到这三个词：DNA、基因和染色体。它们之间到底有什么关系呢？简单来说，染色体存在于细胞核中，包含了DNA和蛋白质，而基因则是DNA上的特定片段。

假设我们人体的每个体细胞都是一个小小的图书馆，那么在这个图书馆里，有46本非常特殊且重要的书，这46本书，就是46条染色体。每个人都从爸爸妈

妈那里继承了这些书，有一半来自爸爸，另一半来自妈妈。

在每一本"染色体书"里，都有很多很多的文字。每本书中的全部文字，就是一条DNA分子。DNA作为遗传物质的核心，负责储存和传递构成我们身体的全部遗传信息。

而每个基因就像是书中的一个特定的段落，讲述了我们身体的某个特征或功能。比如，某些基因决定你眼睛的颜色，某些基因决定你皮肤的颜色，某些基因决定你对某种疾病的抵抗力。

遗传真是个非常奇妙的事情，它让每个人都独一无二，同时也与我们的家人有着千丝万缕的联系。思考这些小小"图书馆"是如何构成的，不仅令人着迷，也更加让我们感受到生命的奇妙。

第十一章

鸟撞事件

（植物细胞）

"谁是包大谍？"博士问道，罗小米也很想知道。

可是，刚才的记忆变得越来越模糊。"我忘记了。"罗小麦不得不说道。

"你根本就不知道。"罗小米翻着白眼挖苦他。

"不，"博士恍然大悟，"你很有可能遭遇了包大谍的催眠术，而被催眠之后是会呈现出这种症状的。糟糕，我刚刚应该让你先说的，应该让你在还没有完全忘记之前，说出谁是包大谍。"博士确实经常后知后觉。

"我刚刚说了什么？"罗小麦挠了挠头，他已经完全忘记了。

"包大谍已经找到罗小麦了？这么说，包大谍很快就会找上门来？"罗小米倒吸了一口冷气，罗小麦的确出现了从来没有过的失忆现象。

"是的，"博士点了点头，"也许已经在附近了。"

忽然，外面响起了一阵儿骚乱声，有人在尖叫，还有玻璃碎裂的声音。

罗小麦和罗小米急忙跑出了家门，周围邻居也急匆匆地赶出来了，路面上到处都是碎玻璃，还有鸟类的尸体。

"发生鸟撞了。"人群中有人高声说着。

罗小麦和罗小米四下张望着，寻找着可能是包大谍的身影，却只见一个从未见过的年轻人急匆匆地离开了。

鸟为什么会撞向玻璃呢？这一般是由大的玻璃幕墙建筑的反光作用造成的。建筑物外的蓝天白云和花草树木被映射到透明的玻璃幕墙上，让鸟类误认为这里是安全场所，从而撞上玻璃致死、致伤，这被称为**鸟撞现象**。

可是，这里是居民区，并没有高层建筑，鸟儿怎么纷纷去撞住户的玻璃呢？这一定是包大谋捣的鬼。

"博士，博士呢？"罗小麦突然发现博士不见了。

绿化带中，一棵向日葵拉了拉他的裤管。

"博士？你怎么变成这样了？"罗小麦吃惊地蹲下来，看着那棵向日葵。博士变成人类看着还挺顺眼，可是，忽然变成植物就有一点奇怪，而且还是一棵能行走的向日葵，不是更奇怪吗？

"我改良了基因雨衣，让它可以模仿植物的特征，所以我也可以变成植物的样子。"博士解释道。

"植物也有DNA？"罗小米纳闷儿地说道，她还以为DNA是动物独有的呢。

"当然。"向日葵认真地点了点头，"这要从植物的细胞结构说起，DNA就隐藏在细胞之中。**植物的细胞是由细胞壁、细胞膜、细胞质、叶绿体、细胞核和液**

泡组成的。细胞壁就像一个包裹一样，负责整个细胞的保护和支撑。细胞膜可以控制物质的进出，也对整个细胞起保护作用。细胞膜内充斥着细胞质，细胞质能够流动，是细胞进行生命活动的主要场所。在细胞质中可以看到长长的液泡、椭圆形的细胞核，还有杆状的叶绿体，而遗传物质DNA就在细胞核内。"

"博士，我想起来了，我观察过洋葱的表皮细胞。"罗小米恍然大悟，"洋葱的细胞有着很规则的结构，像一个个小小的方格子。上一次做实验的时候，我还制作玻片标本观察了呢，老师还夸我做的标本没有气泡。我也看到了洋葱的细胞核，是不是只要拿到洋葱的DNA，你也能变成一只洋葱？"

"你还能分清气泡和细胞呢？"罗小麦想象着博士变成洋葱的模样，忍不住想笑，嘴上却不忘了奚落罗小米。

"当然能分得清。"罗小米骄傲地耸了耸肩膀，"在显微镜下，气泡是边缘较黑的圆形或椭圆形，里面是一片空白，不像细胞那样能看到细胞核。而且用镊子轻轻地压一下玻片标本，气泡就会变形或者移动。"

"不过，博士，你为什么要变成这个样子呢？"罗小麦这才反应过来，现在可不是研究植物的时候。

"变成植物更隐蔽，我正在收集附近的电磁频率信息。"向日葵抖动了一下它的叶片，"奇怪，这些鸟儿好像受到了某种特定的电磁频率的干扰，才去撞向建筑物的，而这种频率是能够扰乱包大谍对我们进行搜索的。"

"那是什么人在做这件事儿呢？有人在暗中帮助我们？"罗小麦感觉事情变得越来越不可思议了，除了蛙星博士和包大谍之外，难道还有第三股势力的存在吗？

"而且，在你的身上还有一个电磁源。"

"我，我吗？"罗小麦连忙检查自己，发现他的纽扣上竟然还有一粒纽扣，这粒纽扣可不是他的。

"包大谍的跟踪搜索雷达。"向日葵声音低沉地说道，"你上午和谁在一起？"

"我……和同学老师在一起呀！"罗小麦挠了挠头，"啊！我知道了，应该是校长！我在校长办公室写检讨，然后就迷迷糊糊的……"

"校长？校长是包大谍？"罗小米倒吸了一口冷气。

向日葵自言自语地说道："这可能是包大谍中的包

大听，他们拥有特殊的耳蜗结构，能够听到百米之外的极其细微的声音。而这款雷达则是帮助远距离传输声音的，也就是说，你戴着这个雷达回家，我们的所有对话都会被包大听监听到。"

"那我们刚刚的对话，包大听已经都听到了？包大听也知道你就是蛙星博士了？"罗小米吓得捂住了嘴巴。

"不。"向日葵摇了摇头，"在罗小麦回来的时候，雷达受到干扰，已经停止工作了。"

"会是谁在帮我们呢？"

科学课堂
苹果为什么会有甜味呢？

虽然我们不能用肉眼观察到植物的细胞，可是却能感受到它们的存在。就以苹果为例吧，当我们咬下一口苹果时，那甜甜的味道实际上来自苹果细胞内的糖分。这些糖分在苹果的光合作用中产生，并储存于细胞液中。当我们咬碎苹果的细胞时，细胞内的液泡就会破裂，释放出含有糖分的细胞液，让我们感觉到甜味。

所有的植物细胞都有液泡，但是有的植物液泡比较大，有的植物液泡比较小。而不成熟的植物的液泡则相对较小。液泡是一个巨大的储存空间，主要负责储存细胞的营养和水分。随着细胞的发育和成熟，液泡会逐渐扩大，以便储存更多的营养物质和水分。

下次再吃苹果的时候，仔细体会一下细胞液的味道吧！

第十二章

基因雨衣

（动物细胞和植物细胞的异同）

藏在远处的诸怀望着眼前发生的一切，手心里满是冷汗。再出错，这个月的工资就要被扣光了。他只是发现了罗小麦被包大星人的雷达跟踪，想暗中帮助罗小麦，于是便发出特定频率的电磁波，来干扰包大星人的跟踪搜索雷达。却没有想到，这个电磁频率能干扰到鸟儿，导致发生了鸟撞事件。

这时，诸怀的通信器响了起来，是他的师傅开明。

"包大星的事情处理得怎么样？"开明的声音一向平淡，毫无波澜，根本听不出他的情绪。

"这……"诸怀感觉到一种无力感，"一半一半。"

"什么叫一半一半？"

"就是一半成功，一半失败。"诸怀小心翼翼地说道。

"成功就是成功，失败就是失败，哪里来的一半一半？我看你这个月的工资也一半一半吧。"

"师傅，别……"

开明已经挂断了电话。

下午上学的时间到了，罗小麦和罗小米忐忑地向学校走去。博士嘱咐了他们几句，他要开展单独行动——去学校找出包大谋，并且确定他是否就是包大听。

博士启动基因雨衣，变成了一只小猫咪。

基因雨衣经过改良之后，已经拥有了三种功能。雨衣上面有三颗纽扣，对应三个可以开启特定基因功能的按钮。第一颗纽扣可以开启人类基因功能，第二颗能开启植物基因功能，而第三颗则能开启动物基因功能。开启特定的基因功能后，博士再进行参数的细化调整，便可以变成更具象的人、植物或动物了。

博士说："动物的基因同样是源于动物的细胞。动物细胞和植物细胞的基本结构主要包括细胞膜、细胞质和细胞核。不同的是动物细胞并没有植物细胞拥有的细胞壁和液泡，也没有叶绿体，因为动物并不需要进行光合作用。相同的是它们都有存储遗传物质的细胞核。只要提取细胞核中的基因，就可以为基因雨衣

提供变形基础。"

科学老师远远地走了过来。一想到上午的莽撞行为，罗小麦觉得很尴尬。

"老师，对不起。"罗小麦来了一个九十度大鞠躬。

"走，去上课吧。"科学老师笑了笑，脸颊又开始泛红了。作为一名刚上班不久的老师，她知道自己经验不足，所以她并没有责怪罗小麦。只要能认识到错误，老师总是愿意原谅学生的。

此刻，校长正严肃地站在班级门口。

"罗小麦，你上课捣乱，有什么解释？"校长用低沉的声音说道，气氛非常压抑。

"校长……"科学老师想解释她那个时候正讲到狄更逊水母，所以罗小麦学水母跳舞也算不上是捣乱，可是却被校长制止了。

"我……我可以说假话吗？"罗小麦说话磕磕巴巴的，一想到校长可能是包大星人，罗小麦的脑子都乱了。

"假话？"校长皱起了眉头，"那你说说看。"

"我，我是因为看到科学老师头顶上有一只蜜蜂，我怕老师被蜜蜂蜇了，所以我是去赶蜜蜂的。"

"这是真的吗？"校长盯着罗小麦的眼睛。

"不是。"罗小麦诚实地摇了摇头。

"既然不是真的，为什么还要说出来？"校长凌厉地盯着罗小麦，"一点认错的态度都没有，叫你的家长到学校来，学校决定开除你的学籍。"

开除学籍？罗小麦愣住了，然后小声地说："我爸妈都出差了。"

这时候，罗小麦注意到了校长的鞋子。今天校长穿了双系带的皮鞋，可是，他却把鞋带系得乱七八糟的，好像是三岁小孩系出来的。校长一定就是恐怖的包大星人！

"校长，这件事还是等罗小麦的父母来了，商量一下再决定吧。"科学老师连忙说道。她的脸又涨得红红的，她只是希望罗小麦能认识到错误，并不想他被开除学籍呀。

罗小麦忐忑地走回了教室，他感觉整个学校都笼罩在一片阴影之中。

"罗小麦，你没事儿吧？"好朋友石新走了过来，难得石新一脸担忧的模样。他跟着起哄一起跳水母舞的时候，也没有想到事情会变得这么严重，刚刚校

长在教室门口的声音很大，他听到了校长说要开除罗小麦。

罗小麦还在思索着，如果现在的校长是包大谍，那么真的校长去哪里了？

"小麦，我理解你现在的心情。你一定要坚强，勇敢面对这件事，只要你面对了，就会发现其实也没什么大不了的。人生就像一场马拉松，现在只不过是赛前热身，路还很远很远。"石新深沉地说道。其实，水母舞他也跳了，然而却是罗小麦一人扛下了所有。

科学课堂

实验：制作一个动物细胞模型

实验材料：

1. 一些果冻

2. 适量红枣和葡萄干

3. 一个透明塑料杯

实验步骤：

1. 先把果冻放入锅中加热融化。我们将用这些融化了的果冻模拟动物细胞中的细胞质。

2. 准备好透明塑料杯，充当动物细胞的细胞膜。别忘记了，动物细胞是没有细胞壁的，只有一层细胞膜哦！

3. 把一半果冻倒入塑料杯中，加入红枣。你看红枣的样子，是不是很像椭圆形的细胞核呢？紧接着，再加入葡萄干。葡萄干是动物细胞中的什么呢？原来，细胞质中还有一种叫作线粒体的物质，和葡萄干的形状很像。只不过线粒体比较小，在一般光学显微镜下不容易被观察到。

4. 现在，细胞膜、细胞质、细胞核还有线粒体都模拟好了，我们再把剩下的果冻倒入塑料杯中，让细胞质把细胞核和线粒体包裹好吧。

5. 等果冻冷却凝固后，一个动物细胞模型就做好了。你是不是也很想动手试一试呢？

第十三章

顺风耳

（生态系统）

"博士，你在哪里呀？"一下课，罗小麦急忙去寻找博士，现在情况变得越来越紧急了。可是，找遍了操场，也没有发现那只小猫咪。罗小麦环顾着操场周围的绿化带，会是那株鼠尾草吗？在风中摇摆得挺欢的。还是那棵矮牵牛呢？或者是旁边的金鸡菊？

"博士，你到底在哪里呀？"

忽然，旁边的一只小花狗伸出了可爱的小爪子，拉住了罗小麦，把他拉进了基因雨衣里面。

"博士？"罗小麦吃惊地看着博士，他竟然变成了一只小狗。

"这个基因雨衣是不是能变成任何一种动物？"

"你试试看。"博士又递了一件雨衣给罗小麦。

"我要变成美洲豹。"罗小麦兴奋地按动了第三个按钮。可是，他并没有变成威风凛凛的美洲豹，而是变成了另外一只小猫咪。

"为什么呀。"罗小麦沮丧地说道。

"那是因为我们所在的城市并不支持野生美洲豹的生存呀。"博士语重心长地说道。

"为什么呢?"罗小麦小的时候就有这个疑问,"人类为什么不能像动物一样也生活在丛林之中,缔造一个和各种物种和谐共处的生态环境呢?"

"那你首先要学习什么叫作城市生态系统。"博士一板一眼地说道,**"城市生态系统是一个综合体,由自然环境、经济、文化、科学技术组成。城市生态系统属于人工系统,它的主体是居民,这是人类对自然环境适应和改造的结果。或者说,人类选择离开森林生态系统而居住在人工形成的城市生态系统里面也是自然和历史共同选择的结果。"**

"生态系统?"罗小麦大概能明白博士所说的话,可是对于生态系统这个概念既熟悉又陌生。

"在自然界的一定空间内,生物与环境构成统一整体。在这个整体中,生物与环境之间相互影响、相互制约,并在一定时期内处于相对稳定的动态平衡状态,这就是一个生态系统。生态系统的范围可大可

小，整个地球是一个生态系统，你家附近的湿地公园也是一个生态系统。"博士总是一丝不苟地回答罗小麦的每个问题。

"我们小区的池塘也是一个生态系统。"罗小麦嘀嘀咕咕地说。

"没错。即使一滴湖水也可以是一个生态系统，里面布满了微生物。若从更广泛的环境角度分类，生态系统可以分为森林生态系统、草原生态系统、海洋生态系统、淡水生态系统、农田生态系统、苔原生态系统、城市生态系统、湿地生态系统等。无机环境是一个生态系统的基础。人类生活在城市生态系统之中，而野生美洲豹生活在森林生态系统之中，这就是你不能变成美洲豹的原因了。"

"无机环境，就是水、空气、阳光、土壤、无机盐、岩石这些吧。"罗小麦说道。

"是的，"博士点了点头，"无机环境的好坏直接决定了生态系统的复杂程度和其中生物群落的丰富度，而生物群落又能反作用于无机环境。生物群落在生态系统中既在适应环境，也在改变着周边环境的面貌。生物群落可以把一片荒凉的裸地变为水草丰美的绿洲，同时也可以让绿洲变为荒地。"

"所谓沧海变桑田，撒哈拉沙漠曾经是绿洲，这就是环境的改变吧。"

"说得没错。"博士点头称赞。

"我刚刚已经用基因眼镜找到包大谍了，并且记录下了他的模样。"博士拿起了基因眼镜，眼镜中的视频自动播放起来。视频中先是出现了校长的皮鞋，紧接着画面向上移动，是校长的裤子，然后是校长的西装。

是校长没错了！

罗小麦很忐忑地期待着画面继续向上移动，可是，画面忽然掉了下来，又变成了那双皮鞋。

"咳，不好意思。"博士解释道，"我那会儿低了一下头。"

画面再次上移，这一次，是校长的脸出现在了镜头里。

罗小麦的心都揪起来了，包大谍真的伪装成了校长！那么，和蔼可亲的真正的校长去了哪里？会不会已经遇到了危险？

"眼镜在扫描这个包大星人的时候，发现他有非常

强大的听力基因。"博士继续解释道，"这说明他的听力特别灵敏，所以我确定，他就是包大听。他能听得到整座校园里极其微弱的声音，为了避免包大听听到我的声音，我刚才拿出了消音贴，增强了雨衣对声音的屏蔽功能，所以才会低了一下头。"

"这个包大听除了听力灵敏，还有其他超能力吗?"罗小麦好奇地问道。

"暂时没有发现。"

"就是一个探子呀，那也不足为惧了。"罗小麦舒了一口气。

"不能这么判断，"博士的目光变得深邃起来，"包大星人特别诡诈，我还不知道这个包大听还有什么其他本领。我想这件事情可能需要慢慢来，我需要先研发出耳蜗炸弹，来对付包大听。"

"那需要多久?"罗小麦看着博士慢悠悠的模样，真是着急。

"可能需要几个星期。"

"啊?"罗小麦叫道，"那我不是早就被开除了?"

科学课堂

植物也会交朋友吗?

苏珊娜·西马德（Suzanne Simard）教授是加拿大的生态学家，她曾做过一项实验。在实验中，她将一些树苗种在同一个地方，向树干中注入带有放射性标记的碳同位素，然后耐心地等待树苗进行光合作用。接着，她检测这些树苗的叶子，并追寻碳元素的移动痕迹。

令人惊奇的是，当她把其中一株树苗用遮光布包住，阻止了它的光合作用时，这株小树苗居然通过真菌网络向其他树苗发出"求救信号"。而其他小树苗也向它输送了自己的碳源。由于对之前注入的碳同位素做了标记，教授能够轻易地追踪这些树苗之间的互动。

真菌，由于不能进行光合作用，与树木形成了一种共生关系。真菌与树根在地下交换资源：真菌把土壤中的水分和营养通过树根传递给树木，而树木则将光合作用后生成的碳元素传递给真菌。真菌与树根还

通过化学信号进行沟通，帮助彼此适应环境变化，协调彼此的生长。这种互利互惠的关系，让真菌将森林中的树木连接起来，构成了一个庞大的地下信息交流和营养传递网络。在森林的每一寸土壤下，都有无数的真菌高效地运作着。

所以，原来植物也可以在自己的世界里"交朋友"呢！

第十四章

还原饭团

（进化论，哺乳动物的进化过程）

　　放学的时候，罗小麦故意磨蹭到很晚才离开教室，他要和博士一起跟踪"校长"，摸清他的底细。看着"校长"走出校门，罗小麦连忙启动了博士给他的基因雨衣，变成一只小猫咪的模样，博士也跟了上来，两只小猫咪跟在了"校长"的身后。

　　"校长"急匆匆地向前走着。过了一会儿，前方出现了乌大龙的身影。他下午来上学了，这会儿正吃力地摇着轮椅，而别的同学早就走远了。罗小麦上前想助乌大龙一臂之力，上次害得乌大龙从轮椅上摔下来，罗小麦心里一直觉得很抱歉。

　　罗小麦帮乌大龙推起了轮椅。他本是好心，可是乌大龙却吓得不轻——他的轮椅开始快速地动了起来，而后面只有一只猫咪。

　　"这是……这是怎么回事儿？"乌大龙叫道。

叫声惊动了"校长"，他回头瞄了一眼，就瞬间不见了踪影。

这时候，不知道从哪里窜出来了一只模样怪异的大黑狗，两只眼睛绿幽幽的，像灯泡一样，闪烁着骇人的光芒，那不像是地球上的狗的眼睛发出的光芒。

大黑狗冲向了罗小麦。

"快跑！"罗小麦也不知道从哪里爆发出来的力量，一下子跳到路旁的一棵榆树上面去了。博士慢了几步，已经被恶犬拦在了树下。

看着恶犬就要扑过来了，博士立即抛出了一个饭团。恶犬被味道吸引，跳起来接住了饭团。

那只恶犬吃下了饭团，很快，它的四肢就发生了变化，尖利的爪子在缩小，就连它的身体也在缩小。

"博士，这是什么高科技？"罗小麦还惊魂未定。

"幸好早有准备。"博士似乎也松了一口气，"我为了防止包大星人使用变化武器，所以提前研发了这款还原饭团。"

说话的工夫，那只恶犬已经变成了一只小老鼠，吱吱吱地在地上叫着。

"这……这是一只老鼠？包大星人是怎么把一只老鼠变成了狗的？"罗小麦挠了挠脑袋，十分不解。

乌大龙也看得呆住了。

"你知道地球上哺乳动物共同的祖先是什么吗？"博士突然转变话题，指了指地上的老鼠，"科学书上讲过吧？"

"什么？我们的祖先是老鼠？怎么可能？"罗小麦听得浑身起鸡皮疙瘩，恨不得立即跳到树上去变成猴子。他还是宁愿相信人是从类人猿进化来的。

"人类和老鼠的祖先都可以追溯到一种远古的哺乳

动物，这种动物在生物学上与今天的老鼠有许多共同特征，这也是进化论的一种观点。"蛙星博士继续说道，"科学家们在多个地点发现的化石可以支持这一理论。**在白垩纪早期，地球上除了霸主恐龙之外，还生活着一些体型小巧、毛茸茸的哺乳动物，是人类已知的最早期哺乳动物之一。根据它们的牙齿化石分析，科学家推测，这种哺乳动物很可能是夜行性的，居住在地洞中，以昆虫或植物为食。**要知道，想要和凶猛的恐龙共同存活下去，可不是一件容易的事情。而这些动物则具有某种生存优势，它们不但熬过了恐龙时代，而且在恐龙灭绝之后，依靠着这种生存技能存活了下来并不断进化发展，形成了今天地球上多样化的哺乳动物。"

罗小麦看着地上的老鼠，整张脸皱成了一团："难道说包大星人利用哺乳动物祖先的共同点，发明了进化武器，让老鼠直接进化成了狗？"

"要想发明针对地球物种的进化武器，对于外星人来说，难度极大，而且他们的目标是我，没必要这么大费周折。"博士摇了摇头，"**进化是一个漫长的过程，受到遗传、环境等多重因素的影响，每一种动物都是经过数百万年乃至数千万年的自然选择和进化，经过**

了无数次的变异和筛选，才逐渐变成现在的形态。"

"那么，这只老鼠到底是怎么变成狗的呢？"罗小麦越来越糊涂了。

"包大听对老鼠使用的只是一种简单的变形武器，放大了老鼠并对它进行了变形，所以刚刚那只大黑狗和地球上的狗还是有区别的。"原来是这样，罗小麦点了点头。博士早点这样说不就行了，非要说一堆进化论的知识。

那只小老鼠吱吱吱地跑掉了。

包大听并没有走远，而是远远地看到他的守护犬被喂食了还原饭团。不过乌大龙挡住了他的视线，在他看来，是乌大龙把他的守护犬变成了小老鼠。

忽然，一个人影快速地闪过，然后，乌大龙不见了踪影！

科学课堂

如果真的有进化武器，世界将会怎样？

进化，其实是一个非常漫长的过程，通常需要数

百万乃至数千万年的时间。从远古的恐龙进化到今天的鸟类，或者从水里的鱼类进化到陆地上的两栖动物，这些都需要很长的时间。一个物种并不可能在眨眼之间就完成进化。

虽然进化武器听起来非常酷炫和有趣，但如果这种武器真的存在于现实中，我们也不能随意使用它们。想象一下，如果一个生物突然进化，它的生活环境、食物，甚至它与其他生物之间的关系都会发生巨大的变化。这可能会打破大自然的平衡，导致一些物种灭绝，或者引发一连串的生态和伦理问题。

所以，进化武器并不遵循自然的法则，会对我们美丽的地球造成很大伤害，最好是不要出现这种武器。希望大家都能爱护自然，尊重每一个生命。

第十五章

蛋形飞船

（慢性氧化反应：铁生锈）

乌大龙又掉沟里面了！

由于刚才乌大龙挡住了包大听的视线，包大听误以为是乌大龙使用了还原饭团。包大听认定，这个人肯定是蛙星博士变的，便挟持了他！

乌大龙根本没有反应过来，他只是惊奇地看着一只狗变成了老鼠，然后他就又掉到了沟里。

"去救乌大龙！"罗小麦来不及多想，跳进了沟里。博士也跟着跳了下来。

乌大龙和包大听早已不见了踪影。博士指了指沟里面的那个大管道，管道的材质是PVC塑料的，直径很大。难不成他们钻到了这个里面，所以才一下子不见了踪影？罗小麦探头望去，管道深处漆黑一片，传来一阵水声。

罗小麦很忐忑，不过为了乌大龙，还是走了进

去。这段管道是城市雨水收集管道，因为要维修，所以开口处被挖开了，放置了黄色栅栏阻止无关人员进入，不过对于一只猫来说，还是很轻松就能够穿过去的。再向里面走一段距离，就变成了由钢筋混凝土砌成的宽阔的下水道了。这难道就是城市的地下水管道吗？罗小麦也曾经非常好奇那些流入下水道的水到底去了哪里，他查过资料，每个城市都有复杂庞大的下水系统，就像个地下城市一样。

"这会不会就是包大听的栖身之地呢？"罗小麦觉得他已经发现了真相。包大听来到地球，总要有一个藏身之处，而他选择的地点就是城市的地下水管道，这里除了维修之外，很少有人到达，还真是一个好的隐匿地点呢。

"走，我们跟上他。"博士快步向前走去。

转了一个弯儿，前方出现了一个蛋形的东西，白白的，软软的，并没有坚硬的外壳，也看不清楚内部的样子。

"那是什么？"罗小麦震惊地看着这奇怪的物体。

"那是包大星人的蛋形飞船。包大听一定是把乌大龙抓到飞船里面去了。"博士小声说着。

"这飞船为什么看起来软塌塌的?"罗小麦不解地问,难道宇宙飞船不是用金属材料做成的吗?

"这种飞船就是软的。"博士也紧张了起来,真的要和包大听见面了,他还没有想清楚要怎么对付他呢。

罗小麦向着四周望了望,看到地上有一枚生锈的铁钉,捡了起来。

"这个铁钉……"罗小麦突发奇想,既然包大听的宇宙飞船是软的,那么用铁钉是不是就可以破坏它呢?

"可是……它的成分不只是铁,还有铁锈。"博士的膜形分析仪一板一眼地说着。

"嗯,是的,"罗小麦挠了挠头,"它本来是铁钉,只是放置得久了,上面生锈了。"

"铁钉放置在潮湿的空气中会与水和氧气发生反应,这个过程就是我们常说的'生锈'。首先,铁会与水和氧气反应,形成氢氧化亚铁。氢氧化亚铁不太稳定,会继续与氧气发生反应,生成氢氧化铁。随着时间的推移,氢氧化铁会脱水并与氧气发生反应,最终变成红褐色的铁锈。铁锈的主要成分是三氧化二铁。"膜形分析仪说道。

"生锈是一个缓慢的过程。如果想防止铁钉生锈，我们需要阻断产生这个反应的必要条件。比如，在铁钉上涂上油漆或油脂来隔绝水和氧气，或者将它储存在干燥的环境中，就可以有效地减缓铁锈的形成。"博士解释道。

"博士，现在并不是研究铁钉生锈问题的时候……"罗小麦皱了皱眉头，"我们应该怎么办？冲进蛋形飞船解救乌大龙吗？"

"你拿这个铁钉，是想用它作为武器吗？"博士看着罗小麦手中的铁钉。

"那个蛋看起来软软的，应该很容易就能毁坏。"罗小麦点头说道。

博士无奈地摇了摇头。

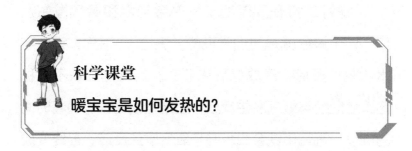

科学课堂

暖宝宝是如何发热的？

同学们，你们用过暖宝宝吗？从密封包装中取出暖宝宝，揭去保护衬纸，过一会儿，暖宝宝就会发热了，这到底是什么原理呢？

暖宝宝的外皮实际上是一个特制的小袋子，其表面有许多微小的孔。这些微孔是它发热的关键，因为它们能够让空气中的氧气渗透进来。当你把暖宝宝从外包装中拿出来，揭去保护衬纸，氧气就通过这些微孔与小袋子里面的铁粉接触。铁粉接触到氧气后就开始氧化，这个氧化过程可以释放热量，让你感到温暖。

除了铁粉，暖宝宝里面还有水、活性炭、蛭石和一点点的盐。水可以帮助铁更好地和氧气发生反应。活性炭和蛭石帮助铁粉均匀地和空气接触，从而均匀发热。而盐则加速了铁的氧化过程，使得暖宝宝可以迅速发热。

同学们，现在你们知道暖宝宝的发热原理了吗？

第十六章

包大听现身

（快速氧化反应：燃烧）

那颗蛋忽然动了一下，从蛋的顶部伸出了个望远镜一样的东西，那个望远镜在不断地伸缩，调整着角度。

"糟糕了，博士。"罗小麦担心地说，"那是不是包大听的武器呀，要对我们开火了？"罗小麦着急地去翻博士的口袋。博士的很多发明都装在这个口袋里面，不知道这个时候有什么武器可以用来对付包大听。

"放大镜，防火帽子，昏睡面包，还原饭团，细胞修复液……博士，你这都是些什么乱七八糟的东西呀？还有火柴？"罗小麦看着这些东西，抱怨地说道，真是没有哪一个发明是能够伤害到包大听的。

"你可不要小瞧这个火柴，"博士拿起了火柴，颇为自豪地介绍，"这可是被我改良过的火柴。普通的火柴能点燃是什么原理，你知道吧？**普通的火柴头含有**

三硫化二锑和氯酸钾，火柴梗上沾有石蜡和松香的混合物，火柴盒的两边是涂有红磷的摩擦层。使用时，火柴头摩擦火柴盒产生了热量使红磷转化为白磷并迅速氧化，释放出大量热量，进而使氯酸钾受热放出氧气，它们很快就引燃了三硫化二锑，火柴就燃烧起来了……"

"我知道！**三硫化二锑是可燃物，氯酸钾是助燃剂。**"男孩子都喜欢有趣的东西，罗小麦早就弄清楚火柴燃烧的原理了。

"你说得没错。可是，我这个可不是普通的火柴。普通火柴燃烧后的火焰温度低，燃烧时间短。我改良的这款火柴，燃烧时间长，并且能够达到2000摄氏度的高温，这是通过一种特殊技术实现的。你知道吗，当温度达到2000摄氏度，水甚至可以分解为氢气和氧气，然后氢气会因为氧气的存在而燃烧。你看着啊。"

博士说着，擦亮了一根火柴，并且小心翼翼地把一点点矿泉水倒在火焰上面。果然，火焰瞬间燃烧得更加旺盛了。

"博士，那这个火能用来对付那个蛋吗？"罗小麦朝蛋形飞船的方向努了努嘴巴。

"还不行，"博士摇了摇头，"包大星人的飞船是可以在宇宙中穿梭的，自然能抵御更高的温度。"

"那这些都有什么用？"罗小麦叹了一口气，看博士说得这么热闹，还以为可以用来对付包大听呢。

"这……"博士似乎下定了决心，"罗小麦，我已经决定了，不能拖累你们这些小朋友，我决定亲自去找包大听，用我来换回乌大龙。放心吧，乌大龙一定不会有事的。"博士准备脱掉基因雨衣。

"博士，你……你说什么？包大听会把你抓走的。"罗小麦没有想到博士就这样投降了——他去换回乌大龙，这不等于是自投罗网吗？

"只能这样了。"博士语气平静地说道，"只有这样，才能救出乌大龙。不用担心我，罗小麦，即便我被抓走了，包大星人也暂时不会对我怎么样，他们需要我的发明，所以我是不会有危险的。"

"可是，你真的打算把能源装置的秘密告诉包大星人吗？"

"不……那是绝对不可能的。"博士坚定地说道，"如果包大星人得到这项技术，会给整个宇宙带来不可估量的灾难。"

"博士，你不能去！"就在罗小麦说出这句话的同时，一个清脆的女声也说出了同样的话语。罗小麦打了一个激灵，罗小米怎么也来了？其实，罗小米在放学的时候看到了罗小麦，就悄悄地跟在了他们的后面。刚才的一幕，她也都看在眼里了。

罗小米说着，忽然从暗处跳了出来，拿出了变声麦克，跑到蛋形飞船前面，扯着嗓子喊道："放了那个地球小孩，我是蛙星博士。"

糟糕！博士这才发现，罗小米使用了他的细胞修复液和变声麦克。

细胞修复液是蛙星人的创可贴，上面有蛙星人的基因，涂抹在身上可以暂时伪装成蛙星人；而变声麦克可以模仿各种人说话的声音。包大听一定会误以为罗小米是蛙星博士的。

"昨天晚上我看到罗小米在玩细胞修复液和变声麦克来着。"罗小麦无奈地说道。

那颗蛋缓缓打开，包大听从扶梯上走了下来。包大星人的脸部果然是看不到五官的，而且有褶。罗小米看着难受极了，真想冲上去在他的脸上捏出眼睛、鼻子和嘴巴来。

包大听扫描了一下罗小米，很快就发现了蛙星人的基因，于是认定，这才是真正的蛙星博士。刚刚在飞船里，包大听已经对乌大龙进行了全面检查，发现那不过就是一个地球小孩儿。之前太着急了，没有检查清楚就直接带走了乌大龙。

"博士。"他很有礼貌地对着罗小米行了一个礼。

"放了乌大龙，我跟你回包大星。否则，我是无论如何都不会帮你们的。"罗小米觉得当蛙星博士还蛮威风的。

"只要您肯莅临我们包大星参观指导，我会为您做一切事情的。我这就把乌大龙送回家，您请。"包大听做出一个礼貌的手势，请罗小米上他的飞船。罗小米犹豫了一下，最终还是鼓起勇气，登上了飞船。

此时，罗小麦简直忍不住要感动得流眼泪了，他觉得妹妹实在是太酷了，不愧是双胞胎，拥有同款行侠仗义的基因呀。不过，罗小米，你这个大傻瓜，你就这样上了坏人的飞船，如果你出点差错，可怎么办呀！

"不能让罗小米替我。"博士急了，连忙要脱掉他的基因雨衣，却被罗小麦拦住了。

"博士，你如果现在也出去了，那么包大听一定会把你们两个都抓走的，因为他看到的是两个蛙星人，那样就没有机会救罗小米了。只要你还在这里，包大听一定还会回来的。一旦他发现罗小米并不是蛙星人，他就会把罗小米作为人质，来逼你就范，所以罗小米暂时还是安全的，也为我们争取到了一点点时间。"

与此同时，怪物研究所的诸怀也收到了最新的线报——一名地球孩子被挟持上了包大星人的飞船。他

立即用高能射线武器的定位技术锁定了包大星人的蛋形飞船。

"这次一定不能出错了。"诸怀紧张地想。

蛋形飞船的门缓缓收起，恢复成了一个完整的蛋形，它顶部的那个望远镜模样的东西忽然高高竖起，并把镜头对准了下方的蛋形飞船，紧接着，从里面射出了一道光束。在那道光束的照射下，飞船变得越来越小，越来越小，直到变成一个鸡蛋大小。

科学课堂

油锅着火了，为什么不能用水扑灭？

同学们，你们有没有观察过大人们是如何在厨房炒菜的？有时，炒菜的油锅可能会突然着火，让大人们手忙脚乱。你们可能会想，为什么他们不用水来灭火呢？其实，用水扑灭油火是非常危险的，让我来告诉你们原因。

当油温过高，接近或超过它的闪点（油开始变得易燃的温度）时，油就可能着火。如果这时候用水去扑灭，会发生什么呢？因为水的沸点比油低很多，所以一接触到超热的油，水就会立刻变成水蒸气。这个变化非常迅速，而且会产生大量的水蒸气。

这些水蒸气不仅会把油滴带到空气中，还会迅速膨胀，形成一种危险的油蒸气和水蒸气的混合物。当这种混合物遇到空气中的氧气，就可能引发更大的火灾。

所以，一定要记住，如果看到油锅着火，千万不要用水去扑灭。正确的做法是：用锅盖或湿抹布覆盖油锅，切断火源和空气之间的接触。这样就可以安全地把火势控制住了。

第十七章

火箭失控

（氯糖反应）

"不行，要去营救罗小米，不能让她替我处于危险之中。包大星人会带她飞离地球的，必须追上他们。"说完，博士拿出了变化器。这是植物变化镜的升级版本，之前只能改变植物的大小，现在也可以改变动物和人类的大小。博士还从口袋里拿出了另外几样东西。

罗小麦看了看博士拿出来的东西——一些吃的，还有喷剂样的东西。带着这些东西去营救罗小米？不知道的还以为是去野餐呢。

博士按动了变化器的按钮，很快罗小麦和博士都变成了更小的小猫咪。刚刚路上的石子看起来不过就是小小的一块，现在却看起来和它们的身子一般大小，好像一堵墙一样横在了他们的面前。

紧接着，博士又打开了那个喷剂样的东西，原来是一艘小火箭。博士和罗小麦顺着火箭的舷梯进入了内部，很快火箭的尾部就被点燃起来，发出了耀眼的光芒，好像烟花爆竹一般，速度极快地向前飞去，跟上了前面的蛋形飞船。

"博士，爆竹也能做火箭推进器，这也太牛了吧。"罗小麦感慨着。现在，这个火箭也不过就是个爆竹大小。

"这不是爆竹，这是氯糖反应。"博士解释道，**"氯酸钾和糖类在一定条件下能发生剧烈的氧化还原反应。氯酸钾具有强氧化性，分解释放出大量氧气，产生大量热能与糖类反应，发生燃烧现象。还可以以此反应为基础进行焰色反应，比如在混合物中加入适量硫酸铜粉末，火焰呈绿色；加入氯化钠或无水碳酸钠，火焰显金黄色；加入无水氯化钙，火焰显砖红色；加入氯化钡，火焰显浅绿色；等等。**

天色已经暗了下来，街上的路灯也亮了。人们三三两两地走在街上。有的步履匆匆，风尘仆仆地赶往家的方向；有的听着音乐，在享受傍晚的时光；有的牵着孩子，孩子看着天空中的焰火，露出纯真的笑容。

罗小麦他们的火箭就快接近蛋形飞船了。忽然，

火箭抖动了一下，急剧地翻转并且朝着另外一个方向飞了过去。

"糟糕，火箭失控了！"博士惊讶地说道。从理论上来说，他制作的火箭是不会轻易失控的，好像是某个部位被击中了。是谁攻击了他们的火箭？博士和罗小麦都从火箭中掉落了下来。这个时候，恰巧有一只鸟飞了过来，似乎是看到食物一样，张开了嘴巴，把博士叼在了嘴巴里，紧接着，又用爪子抓住了罗小麦。

"糟糕，打偏了！"诸怀拍着大腿，懊恼地说。他不仅没有打到蛋形飞船，还打到了另外一样东西。但愿打到的并不是什么重要的东西，但愿这个月的工资还有一点点剩余。

罗小麦和博士被变化器变小后，只有虫子般大小，所以鸟儿把他们当成食物了。

"博士，博士！"罗小麦叫着，"快点使用变化器，把我们变回来，要不然一会儿要变成鸟粪了！"这次的飞行体验真的有点糟糕。

"等等，我找找。"博士在口袋里面翻了起来。可是找了半天，也没有找到变化器。"好像刚刚掉落下去了。"博士说道。

街上的人群熙熙攘攘的，偶尔会有孩子大叫。可是，并没有任何人会注意到一只鸟的爪子上还抓着一只虫子大小的猫。罗小麦随着鸟儿在这个城市的上空快速地飞行着。很快，他感觉身子顿了一下，掉到了一个鸟窝里面。他揉了揉眼睛仔细一瞧，一只尖尖的嘴巴出现在他的面前，是一只大鸟。哦，不是，那是一只小鸟，只是罗小麦被变得太小了。大概鸟妈妈认为他和博士是两只虫子，就把他们捉回来喂小鸟宝宝。

　　小鸟宝宝凑过来啄了啄罗小麦，然后很嫌弃地走开了。

　　这小鸟还挑食！

　　"博士，我们跳出鸟窝吧。"幸好小鸟不喜欢吃他。他拉着博士，一点一点地往下爬。小Q正在树底下叫个不停，原来他们正巧落在了家附近的一棵大树上。

　　罗小麦跳了下去，正好被小Q一脚踩住了。

　　"小Q！"罗小麦被突然暴击，差点儿把晚饭吐了出来，浑身的骨头像散架了一样。

　　罗小麦脱下基因雨衣，小Q把鼻子凑过去闻了闻，终于闻出了罗小麦的味道，伸出舌头在罗小麦的身上舔了起来。

博士也跟着跳了下来，不过他掉进了一片草丛之中，不见了踪影。

"小Q，你闻一闻，博士在哪里？"这么一大片草丛，对于缩小了的博士来说，无异于一片热带雨林，要想从里面走出来，恐怕要费很长的时间和不小的力气。

"博士！"罗小麦呼喊着，只是他的声音实在是太小了，在风中好像蚊子叫一样。

黑暗中，一双幽绿的眼睛正盯着博士。忽然一声恶吼，一个黑影从暗处跳了出来。是一只猫。

博士的身手还算敏捷，一下子躲开了。

那只猫再次逼近。

小Q也看到了那只猫。它龇了龇牙，想展示一下凶狠，结果还是一副呆萌的模样。

"汪汪汪！"小Q叫了起来。

那只猫并不示弱，警惕地看着小Q。

"小Q，展示你力量的时刻到了，你不会被一只猫打败吧？小Q，攻击啊，小Q！"罗小麦已经努力地爬上了小Q的背部，紧紧地抓住它的毛发，冲着那只猫的方向，伸出右手摆出进攻向前的手势。

小Q靠近了那只猫，还没等小Q展现一下它的獠牙，猫咪一爪子就拍了过来。小Q猛地蹿开，躲过了攻击。不过，它不敢再向前了，而是掉了头，夹着尾巴就往家里跑。

"真是没用的家伙啊。"罗小麦嘟囔着。

幸好，博士也看到了小Q，他启动了脚上的弹簧鞋，成功跳上了小Q的背部。

科学课堂

除了氯糖反应，还有哪些好玩的化学反应呢?

好玩的化学反应还真不少呢，在这里给小伙伴们讲两个非常不可思议的化学反应吧：魔法震荡反应和"法老之蛇"。

魔法震荡反应也被称为"振荡时钟"。我们把三种化学物质——酸化碘酸钾、丙二酸、一水硫酸锰的溶液和稀释的过氧化氢混合在一起，神奇的事情就会发生了。溶液会发生漩涡样的震荡，并且溶液的颜色会在无色、琥珀色和深蓝色之间切换，每一次的切换

时间都非常短，可以说是瞬间变色。震荡会持续约3至4分钟，好像这杯溶液被施了魔法一样。

另外一个奇特的化学反应被称为"法老之蛇"，这个名字听起来就像是古老的埃及魔法。在这个实验中，硫氰化汞是主角。点燃这种白色固体，你会看到一个令人震惊的场景：从固体中冒出一个不断扭动、伸长的蛇状物，就像是被唤醒的法老魔蛇。尽管这个反应看起来很有趣，但是它释放的烟雾和灰烬中却含有有毒的汞化合物，需要在专业的实验室中进行。

同学们，去网络上搜搜魔法震荡反应和"法老之蛇"的视频吧，相信你一定会大呼过瘾的！

第十八章

罗小米被催眠

（酸碱度，中和反应）

此时，在飞船中的罗小米正兴奋地注视着飞船外的一切。

"我们飞起来了？"罗小米看着窗外的天空，"那是什么？怎么有那么大的怪鸟？"

"那只是一只猫头鹰。"包大听看着眼前手舞足蹈、上蹿下跳的"蛙星博士"，感觉很困惑。

"猫头鹰？怎么可能，怎么会那么大，好像和一架飞机一样大，难道是我们变小了？"罗小米好奇地盯着包大听。

包大听的汗流了下来。

包大听拥有敏锐的听力，擅长伪装术，不过他们的性格在包大星人里是比较软弱的。尤其是，他们不能接受接二连三的询问，快速的思考会让他们的反应能力变弱。

偏偏，罗小米说起话来像连珠炮一样。

"你怎么流汗了？还有一种酸酸的味道？怎么回事儿？"在罗小米犀利霸气的眼神之下，包大听竟然像被催眠了一样，变得有问必答。

"是流汗了，我们包大星人的汗液是一种酸。"

"酸？包大星人流出的汗液是酸性的？"罗小米的眼珠转了转，"让我来验证一下……"

罗小米从口袋里面拿出了pH试纸，这是科学老师今天刚刚发的神奇小纸片，这些神奇小纸片会变颜色。

在课堂上，老师做了一个实验。他拿出四个量杯，分别在里面倒入了小苏打水、雪碧、自来水和柠檬酸溶液。小苏打是厨房里常用的用来制作面包、馒头之类食品的膨松剂。而柠檬酸则来自自然界中的果酸，比如，柠檬里就有柠檬酸。

科学老师把pH试纸放入了这四种溶液之中，试纸就变成了不同的颜色。柠檬酸溶液里的纸片变成了橙色，雪碧里的变成了橙黄色，小苏打水里的变成了淡蓝色，自来水里的变成了绿色。老师说，pH试纸能测出溶液的酸碱度。**柠檬酸溶液的pH值在3左右，雪碧的pH值在4左右，这两种溶液都是酸性的；小苏打水**

的pH值在9左右，是碱性的；自来水的pH值在7左右，是中性的。如果溶液的酸性很强，试纸会变成红色；如果溶液的碱性很强，试纸会变成深蓝色。

如果用这个神奇小纸片来测试包大听的汗液，会变成什么颜色呢？罗小米这么想着，小纸片已经按到了包大听的胳膊上，小纸片瞬间变成了红色，说明包大星人的汗液是酸性的。

如果说包大星人的汗液是酸性的，那么在他的身上淋碱性溶液，会怎么样呢？罗小米兴奋地想。

科学课上，老师也讲了中和反应的原理。当酸性物质，比如盐酸（HCl）溶于水时，会电离成氢离子（H$^+$）和氯离子（Cl$^-$）。当碱性物质，比如烧碱（NaOH）溶于水时，会电离成钠离子（Na$^+$）和氢氧根离子（OH$^-$）。氢离子（H$^+$）和氢氧根离子（OH$^-$）相遇时，会结合形成水（H$_2$O），同时释放热量，钠离子和氯离子在水溶液中以自由离子的形式存在，这就是中和反应。

现在，罗小米迫切地想知道，如果往包大听身上浇碱性溶液，是否也会发生中和反应。

忽然，飞船一阵儿剧烈地摇晃，紧接着跌落了

下去。

"飞船遭到了袭击。"包大听从观察窗向外望去，刚才那只猫头鹰扑棱着翅膀，飞走了。

"我们要等待飞船自我修复。大概到明天早上才能再次起航了。"包大听咕哝着。

"快放我出去，快把我变大！"罗小米突然哭了起来。她一哭就没完没了，声音又大，哭得眼泪都能飞溅出去。

"这……"包大听纳闷儿地想，蛙星博士怎么会这个样子？

"我不是什么蛙星博士，我只是一个小学生，快放我出去！"眼泪把罗小米脸上的细胞修复液冲刷了下来，变声麦克也掉了。包大听惊讶地发现，眼前的根本就不是蛙星人，而是一个地球小女孩。

"你……你怎么会？"包大听实在不明白，这个小女孩是怎么掩人耳目欺骗了他这个包大星间谍的。

又抓错了！包大听气急败坏。还好及时发现了，否则回到包大星，要被领导狠狠教训了。他们的目标不是地球人，也根本不想去招惹地球人。他现在要做的就是催眠这个小女孩，就像之前对待乌大龙那样，让她忘记刚刚发生的事情，送她回家。

包大听掏出了催眠笔，在罗小米的眼前晃动了起来。

"放我走，放我走，放我走。"跟随着那支笔的晃动，罗小米不停地嘟囔着。很快，罗小米被放下了飞船并恢复了原来的大小。

科学课堂
如果没有pH试纸，该怎样确定溶液的酸碱性呢？

说到这个问题，我罗小麦可是经验丰富呢！因为我把妈妈买的紫甘蓝全部榨汁了，屁股上还挨了我妈一个大拖鞋板子。从那以后，罗小米总是说我的脸长得有点像拖鞋。

不过你们知道吗？那次虽然我挨了打，但也学到了一个超级有用的科学小知识：紫甘蓝的汁液可以作为天然的酸碱指示剂。

家里的牛奶、橙汁，还有肥皂水，都可以用紫甘

蓝汁液来确定它们的酸碱性。

我们拿出三个一次性纸杯，分别倒入橙汁、肥皂水和牛奶，并在纸杯上贴好标签。然后把榨好的紫甘蓝汁液分别滴入三个纸杯之中。不一会儿，橙汁变成了粉红色，肥皂水变成了绿色，牛奶变成了粉紫色。是不是很神奇呢？

在这个过程中，其实发生了化学变化。紫甘蓝汁液中含有一种色素，叫作类黄酮色素。这种色素遇到酸就会呈现粉红色，遇到碱就会呈现绿色。我们都知道，橙汁是一种酸性饮料，所以滴入紫甘蓝汁液后就变成了粉红色。而肥皂水中含有碱性物质，所以滴入紫甘蓝汁液后变成了绿色。牛奶呈弱酸性，所以变成了粉紫色。

是不是很有趣呢，同学们，快去试一试吧。

第十九章

强力音量耳罩

（沉淀反应）

博士和罗小麦被小Q带回了家里，竟然发现变化器还原封不动地放在博士的口袋里面。而罗小米是在罗小麦他们回家之后大概半个小时到家的。

"我回来了。"罗小米蹦蹦跳跳地走进家门。

"啊？"罗小麦吓得把手里的纸巾盒都扔了出去，"你……你怎么回来了？你是真的罗小米还是包大听呀？"

"怎么了？"罗小米生气地噘起了嘴巴，"你就那么希望你的双胞胎妹妹被外星人抓走吗？我刚刚被抓走，你是不是很开心？"不过，很快，她看到了罗小麦哭肿了的双眼。

"你……你为什么哭？"她疑惑地说道，"你不会是在担心我吧？"

从罗小米上了蛋形飞船的那一刻起，罗小麦就紧

第十九章 强力音量耳罩（沉淀反应）

129

张得心跳加速，双腿不由自主地发抖，鼻涕和眼泪也不受控制地流下来。不过，不知道为什么，他对罗小米还有一种信心，总觉得罗小米不会有事的，也许这就是双胞胎之间的心灵感应吧。

"担心？怎么会？"确认是真的罗小米回来了，罗小麦的那些症状瞬间都消失得无影无踪了。

"哼。就知道你不会担心我。"罗小米对着罗小麦翻了一个白眼，"不过，你不想知道我是怎么击败包大听，顺利回家的吗？"

罗小麦也很纳闷儿，明明看着她被飞船带走了，怎么没多一会儿就回家了呢？

"包大听也没有多可怕啦。"罗小米一副丝毫不把包大星人放在眼里的模样，"他们那个什么蹩脚催眠术，对我完全不起作用。我还记得包大星人的汗是酸性的呢。哦，对了，我是怎么回到家的呢？"

看来，包大听的催眠术已经在起作用了！罗小米渐渐地忘记了刚刚发生的事情！

包大星人的汗是酸性的？罗小麦来了精神。幸好罗小米的记忆之中还保留了一点有用的信息。

院子里还有半袋生石灰，石灰水是强碱性的，强酸和强碱遇到一起，发生中和反应，能释放大量的热，是不是可以烫伤包大听？不过，如果包大听不出汗怎么办呢？不管怎么样，可以先试试。

罗小麦找来一个洗菜盆，把生石灰倒进了洗菜盆里面。

"喂，你干吗？"罗小米大叫道，"这可是用来洗菜的盆子。"

"放心啦。石灰水的主要成分是氢氧化钙，是一种食品添加剂，咱们早已经吃过了。"罗小麦毫不在意地说道。

罗小米差点吐出来。

罗小麦不停地搅拌着石灰水，直到这些生石灰完全溶解于水中，变成了澄清的模样。

"明天早上，我们把石灰水装进塑料袋，如果碰到包大听，就把石灰水倒在他的身上。"罗小麦想象着包大听的屁股被灼伤的模样，露出了狡黠的笑容。

"罗小麦，你在做什么？"博士注意到了盆子里的生石灰。

"我打算用这个对付包大听！"罗小麦得意扬扬地说，"只要加入水，不停搅拌，就能变成石灰水，烫伤

包大听了！"

"傻孩子，生石灰加水会释放热量，操作不当会烫伤的，小朋友不能单独操作。"

"澄清石灰水放置一夜会变浑浊，因为空气中的二氧化碳与石灰水里的氢氧化钙发生了化学反应，形成了白色的碳酸钙沉淀。这个实验可以证明空气中含有二氧化碳。" 膜形分析仪补充道。

"唉，好不容易想出来的方法，又不能用了。"罗小麦失望地说道。

"没关系，可以用这个。"罗小米把一件红马甲丢给了罗小麦。

"干吗要我穿成这个样子？我可是个大帅哥。"罗小麦随手就要把马甲给丢掉。

"这上面涂了细胞修复液，可以扰乱包大听的视线。而且今天有艺术节开幕式，到处都会是穿红马甲的义工，你爱穿不穿，反正我穿了。"罗小米耸了耸肩膀，走了出去。

只穿个马甲，就能让包大听上当吗？罗小麦犹豫了一下，还是穿上了红马甲，背起书包向学校走去。

创意市集非常热闹，同学们叽叽喳喳、兴高采烈地玩闹着，校园十大歌手的比赛也马上就要开始了。不过，校长今天没有来学校。学校艺术节还需要校长宣布开幕呢，一时间，老师们也不知道要去哪里找校长。

"罗小麦，今天做义工啊？"石新嘻嘻哈哈地说，"还穿上红马甲了。"

"石新，你也穿一件红马甲。"罗小麦也递给了他一件涂了细胞修复液的马甲。

远远地，乌大龙摇着轮椅艰难地进了后台，看来乌大龙还是没有放弃，参加了校园十大歌手比赛。

"罗小麦，今天觉悟挺高。过来帮我搬点儿东西。"班长陶桃带着罗小麦向着帐篷的方向走了过去。

"班长刚刚不还在教室里面吗？"石新挠了挠头，高度怀疑自己出现幻觉了，班长不可能同时出现在两个地方吧？

罗小麦已经跟着陶桃进了帐篷里面。这个时候，他看到了被绑起来的罗小米。陶桃也瞬间换了一副模样，变成了包大听。

"你们以为穿个马甲就能以假乱真？快说吧，到底谁是蛙星博士？"包大听瓮声瓮气地问道。

"我是蛙星博士。"旁边的一棵向日葵忽然跳了起来，把一个耳罩戴到了包大听的头上。

这个时候，乌大龙开始唱歌了。他的声音响亮而深情，带着一种特别的韵律。

包大听的脸色由白色变成了青紫色紧接着变成了红色。他的耳朵好像爆炸了一样，喷出来两团火。他摘下了耳罩，狂叫了一声，消失得无影无踪了。

"这是什么东西？这么厉害？"罗小麦捡起了地上的耳罩。

罗小米的绳子被解开了，她跳起来和博士击了一个掌。

"我们打败包大听了！"博士也兴奋地说道，"这是我发明的强力音量耳罩，它可以把地球上的声音转换为一种特定的频率，这个频率对地球人的听力是完全无害的，但对包大听却是致命的。这是我专门为包大听设计的秘密武器。哈哈！现在，包大听的听神经已经完全被摧毁了，他可能很难找到回包大星的路了。我们暂时安全了！这个耳罩还有个神奇之处，如果地球人戴上它，它就会自动切换到自然模式，而且能清晰地传递来自远方的声音。"

没想到，乌大龙这一嗓子吼得还挺不错的。

"这玩意儿这么厉害？"说着，罗小麦把耳罩戴到了头上。

就在这一瞬间，罗小麦听到了一个熟悉的声音："救救我。"

是校长的声音。

科学课堂

海洋中的石灰岩是怎么形成的？

当我们去海边玩耍时，经常可以看到海岸线上那些坚硬的石灰岩。你知道这些石灰岩是怎么形成的吗？

在海洋中，有许多珊瑚、贝壳等，它们的骨骼或壳体都含有碳酸钙。当这些生物死亡后，骨骼和壳体就会沉到海底。随着时间的推移，这些沉积物层层累积，受到压力和地球内部的热量影响，逐渐硬化，最终形成了我们看到的石灰岩。

这些石灰岩不仅仅是岩石，它们还是大自然历史

的记录者。每一层石灰岩都藏着海洋的秘密，比如曾经气候的变化、海洋生物的演化，甚至是古代海陆的变迁。科学家们通过研究石灰岩，可以了解到数百万年前地球上的环境和生物多样性。

下次在海边看到那些坚硬的石灰岩时，你就会想到，它们是无数小生命经过长年累月的沉淀、累积和转化而成的。这就是自然界中沉积作用与沉淀反应的魔力，既神秘又美丽。

第二十章

营救校长

（生物化学变化）

"是校长！"罗小麦兴奋地说道，"校长就在附近。"

"快，拿给我听听。"罗小米也把强力音量耳罩戴到了头上，"真的是校长！不过，声音并不大呀。"校园十大歌手比赛还在如火如荼地进行着，音响的声音并没有在强力音量耳罩里面被放大。

"那是因为，我把挡位调节到了'细微声音放大'上，而校长发出的正是极其细小的声音，大概就像某种小虫子发出的声音吧。"博士解释道。

"原来是这样。"罗小米转了转眼珠，她想起了在蛋形飞船里的遭遇，那个时候她变得很小，连猫头鹰看起来都像庞然大物，"校长是不是也被变小了呢？所以才发出了像小虫子一样的声音。快，我们快去营救校长。"

罗小麦和罗小米冲出了帐篷，追随着校长的声音的方向，迎面却看到陶桃走了过来。一直在不远处的

石新看到这一幕，惊得目瞪口呆："班长，班长不是刚刚进了帐篷里面，怎么这里，还有一个班长？"

"罗小麦，校园十大歌手比赛已经开始了，你怎么还不去操场？石新，让你拿椅子，为什么愣在这里？"陶桃不满意地说道。

"一共只有一个班长，你还想有两个班长不成？"罗小麦冲着呆愣的石新眨了眨眼睛，又对陶桃说："班长，看到我的红马甲了吗？我今天是义工，要服务艺术节的。"罗小麦说完，拉着罗小米飞快地跑远了。

校长的声音指引着他们一直来到了校长办公室的门口，博士也变成罗小麦表哥的模样跟了上来。

"校长的声音在里面？"罗小麦狐疑地说，"好奇怪呀，校长难道一直在自己的办公室里？"

"我们进去看看吧。"罗小米说着，推开了校长办公室的门。全校的老师和同学们这会儿都在操场上看歌手比赛，没有人注意到校长办公室正在发生着的匪夷所思的事情。

"校长，你在哪里？"罗小麦大声喊道。

"这里，我在这里。"校长听到了他们的声音，"快来救我。"

罗小米循着声音找过去，声音是从粉笔盒里面发出来的。罗小米紧张极了，她不敢去动粉笔盒，可怜巴巴地看着罗小麦。

"在这里？"罗小麦指了指粉笔盒，不可思议地看着罗小米。

罗小米用力地点了点头。

罗小麦拿起并打开了粉笔盒，罗小米吓得捂住了眼睛。

此时，校长正坐在粉笔盒的一角，看起来有气无力的，他的旁边还放了一块饼干，估计这几天校长就是靠这块饼干度日的。

罗小麦一边把校长倒了出来一边说："博士，快使用变化器。"

在落地的瞬间，校长恢复了原来的模样。

"罗小麦，罗小米，谢谢你们。"校长整理了一下衣服。校长还是那个一丝不苟的校长，并且准确地叫出了他们的名字。

"谢谢你们救了我，不过，我现在感觉很不好，我非常饿，你们有吃的吗？"

"博士，快拿出来吧。"罗小麦跑到博士身边，掏他

的口袋，里面有饭团、面包什么的。那些饭团嘛，罗小麦知道都是些还原饭团之类的，看起来这块面包还是能吃的。只不过，面包上有一小块黑黑的东西。

"博士，这面包是发霉了吗？"罗小麦问道。

"不是发霉，是不小心蹭上脏东西了。"博士解释道，"你要仔细观察，这块面包才是发霉了。"博士拿出了另外一块发霉的面包。

罗小麦当然接触过发霉的物品，馒头上、橘子上、物品上、衣服上，他都见到过，可却从来没有仔细观察过。

霉菌由许多菌丝构成，当这些菌丝在适宜的条件下大量增长并交织时，便形成绒毛状、棉絮状或蜘蛛网状的结构，并呈现出多样的色泽，如绿、黄、青、棕、橙等。生长在馒头、面包等淀粉类食品上的，通常是浅黄色、褐色、黑色或红色的曲霉。在显微镜下，曲霉的菌丝是直立的，顶端膨大成球状。而出现在柑橘及其他水果上的，通常是灰绿色的青霉。在显微镜下，青霉的菌丝也是直立的，但顶端长有扫帚状的结构。

"博士，面包发霉是物理变化还是化学变化呢？"

罗小米不解地问道。

"也是化学变化的一种，被称为生物化学变化，也叫生物化学反应。"博士解释道，"霉变过程中的主要化学变化都是在生物细胞内进行的，产生的新物质主要是霉菌的代谢产物，从整体来看仍然属于化学变化。吃发霉的食物对身体有害就是因为很多霉菌的代谢产物里都含有有毒物质。比如黄曲霉的代谢产物黄曲霉素就有剧毒，甚至会致命。"

"原来是这样。看来以后不能小瞧这些食物上的小小霉菌了，就在这一小块面包上，就住着一个霉菌大家族呀。"罗小麦频频点头。

"生物化学变化不仅限于发霉哦。"博士补充道，"我们的呼吸过程中，氧气转化为能量，植物通过光合作用获得营养，都是生物化学变化。"

校长看着博士手里的另一块面包，听说那块面包并没有发霉，因为饿得太厉害了，所以也没有再仔细听罗小麦和博士说了什么，便打开包装纸，迅速地把面包给吃掉了。

罗小麦、罗小米和博士探讨了半天科学知识，转过头来，才发现校长已经晕倒了。

"哦，这是昏睡面包。忘记阻止校长吃下了。"博士懊恼地说道。

"那，吃了这个面包会怎么样呢?"罗小米好奇地问道。

"会昏睡三天，醒来之后会觉得神清气爽、精力旺盛。而且我改良过这款昏睡面包了，醒来之后还会把不该记得的事情统统忘掉。"

"那也挺不错的。"罗小麦调皮地耸了耸肩膀。

"校长太累了，确实需要好好休息一下。我们也赶紧去参加学校艺术节吧，我看到楼下有很多好喝的汽水，我要去喝汽水!"罗小米欢快地跑下楼去了。

"等等我!"罗小麦追了上去。

属于孩子们的节日开始了!

科学课堂

实验：探寻霉菌的生长因素

实验材料：

1. 六小块面包

2. 五个透明塑料袋

3. 一个黑色塑料袋

4. 滴管和适量清水

实验步骤：

1. 将面包分为三组。

2. 第一组测试湿度对面包发霉的影响。取出两块面包，一块滴上几滴水，另一块不滴水，分别放入透明塑料袋中扎紧，放置到相同的地方。跟踪观察记录。

3. 第二组测试温度对面包发霉的影响。将两块面包分别放入透明塑料袋中扎紧。一块放入冰箱内，另一块放在常温下。跟踪观察记录。

4. 第三组测试阳光对面包发霉的影响。将一块面包放入黑色塑料袋中，另一块面包放入透明塑料袋中，将两个袋子都放到阳光下。跟踪观察记录。

实验结果：

第一组观察结果显示，霉菌的生长和湿度有关。越湿润的地方，霉菌越容易生长。

　　第二组观察结果显示，霉菌的生长和温度有关。越温暖的地方，越容易滋生霉菌。

　　第三组观察结果显示，霉菌的生长与阳光有关。阳光可能对霉菌的生长有抑制作用，因为放在透明塑料袋里的面包的发霉速度会更慢一些。